Pia Biehl

„Erzähl mir was vom lieben Gott"

Krabbel- und Kindergottesdienste rund ums Kirchenjahr

Feiern mit der Bibel
Band 9

Pastor Ulrich Deimel
(* 14. 9. 1964   † 2. 1. 1999)
gewidmet.
Unsere Krabbel- und Kindergottesdienste
wären ohne ihn nicht das, was sie heute sind.

Pia Biehl

„Erzähl mir was vom lieben Gott"

Krabbel- und Kindergottesdienste rund ums Kirchenjahr

Theol. und päd. Begleitung

Beate Kowalski

Verlag Katholisches Bibelwerk

Die Deutsche Bibliothek – CIP-Einheitsaufnahme

Biehl, Pia:
Erzähl mir was vom lieben Gott :
Krabbel- und Kindergottesdienste rund ums Kirchenjahr /
Pia Biehl. - Stuttgart : Verl. Kath. Bibelwerk, 1999
(Feiern mit der Bibel ; Bd. 9)
ISBN 3-460-08009-4

2. Auflage 2001
Alle Rechte vorbehalten
© 1999 Verlag Katholisches Bibelwerk GmbH, Stuttgart
Satz: Graphische Werkstätten Lehne GmbH, Grevenbroich
Druck: Druckerei Gerthofer, Geislingen/Steige
Titelfoto: Logo der Krabbel- und Kindergottesdienste in der Pfarrgemeinde St.
Joseph, Singen-Weidenau

Inhalt

Vorwort

In der Kirche wird heute vielerorts über den Rückgang der Gottesdienstbesucherzahlen geklagt und die mangelnde Liturgiefähigkeit bei jungen Menschen thematisiert. Vielfach bleibt man jedoch resigniert bei dieser Feststellung stehen und sucht nicht nach neuen, gangbaren Wegen für die Zukunft. Dennoch gibt es auch in zahlreichen Gemeinden Versuche, Kinder mit Liturgie vertraut zu machen und die Katechese nicht nur auf den Bereich der Sakramentenvorbereitung zu beschränken, sondern in den langen Zwischenräumen (Taufe bis Erstkommunion, Erstkommunion bis Firmung) Kinder und Jugendliche mit ihren religiösen Fragen ernst zu nehmen und altersspezifische Angebote zu machen.

Diesem Anliegen widmet sich der folgende Band. Er bietet für die Zeit, die zwischen Taufe und erstem Religionsunterricht in der Grundschule liegt, zahlreiche Gottesdienstmodelle mit unterschiedlichen liturgischen Themen an. Damit wird die Möglichkeit für Kleinkinder und ihre Eltern gegeben, außerhalb des Gemeindegottesdienstes altersgerechte Erfahrungen mit dem Kirchenraum und mit liturgischen Ritualen zu machen. Dieses frühe Hineinwachsen in die Kirche und Liturgie soll eine Hilfe sein, den tätigen Mitvollzug in der Liturgie spielerisch und ernsthaft zugleich zu erlernen. Vielfach – so hat die Praxis gezeigt – finden auch junge Eltern durch die Mitfeier der Krabbelgottesdienste wieder zurück zu einem kirchlich geprägten Glauben. Somit dienen die Gottesdienste auch einer begleitenden Taufpastoral an jungen Eltern.

Die vorgestellten Gottesdienste wurden alle in der Praxis erprobt. Frau Pia Biehl – die Autorin der Gottesdienste – ist selbst Mutter von drei kleinen Kindern. Sie hat in ehrenamtlicher Arbeit und Zusammenarbeit mit den Priestern der Pfarrei St. Joseph, in Siegen-Weidenau, die Gottesdienste entwickelt. Ihre natürliche Art, den Kindern in einfacher und verständlicher Sprache katechetische Inhalte zu vermitteln und mit ihnen kindgerecht zu beten, ist in den Gottesdienstmodellen beibehalten. Kurze Hinweise zur Arbeitsintensität in der Vorbereitung und zur Wirkung der Gottesdienste in der Gemeinde dienen der praktischen Umsetzung an anderen Orten.

Die Gottesdienste wurden alle bewußt im Kirchenraum gefeiert und nicht im Pfarrheim, damit der Unterschied zwischen dem alltäglichen Tun und der Feier eines Gottesdienstes erfahrbar wird. Für die

Kinder wurde in der Kirche an geeigneter Stelle eine Krabbelmatte ausgelegt, für die Eltern ein Stuhlkreis aufgestellt.

Die einzelnen Gottesdienstmodelle sind jeweils nach dem gleichen Schema aufgebaut: Zunächst werden im Überblick die benötigten Materialien und der Ablauf vorgestellt; die Einzelausarbeitungen (Gebete, Katechese) finden sich im Anschluß daran. Die wichtige Erfahrung, daß Kinder (und Erwachsene!) feste Orte und Rituale brauchen (Anzünden einer Kerze, Kindersegen), die ihnen Geborgenheit vermitteln, zeigt sich durchgängig in den Gottesdienstmodellen. Besonders sei vorab darauf hingewiesen, daß eine eigens für die Krabbelgottesdienste gemeinsam gestaltete Kerze für Kinder eine besondere Bedeutung hat; wenn diese zudem in der Kirche einen festen Platz hat, wird für die Kinder auch zeichenhaft sichtbar, daß sie dort erwünscht sind.

Die Lieder sind ebenfalls für Kleinkinder ausgewählt. Besonders geeignet sind sogenannte „Mitmach-Lieder", die verbunden mit Gesten und Bewegungen ganzheitlich gesungen werden. Ein Verzeichnis der benutzten Liederbücher und Kinderbibeln findet sich im Literaturverzeichnis im Anschluß an die Gottesdienstmodelle.

Die Katechesen arbeiten vielfach mit Legearbeiten (nach der Kett-Methode), um Kindern die biblischen Geschichten anschaulich zu machen. Die Fragen – an den vorgestellten Katechesen wird dies deutlich – dürfen nicht nur einsilbige Antworten der Kinder erwarten, sondern sollten diese in ihrer Lebensrealität und ihrem religiösen Erfahrungswissen ernst nehmen.

Am Ende der Gottesdienste wird vielfach empfohlen, den Kindern einen symbolischen Gegenstand, der zur Thematik der Katechese paßt, als Erinnerung mitzugeben. Damit soll erfahrbar werden, daß Gottesdienste nicht vom Leben losgelöst sind, sondern Alltagserfahrungen einbeziehen und in das Leben hineinragen.

Zum Schluß bleibt nun der Wunsch, daß die vorgestellten Gottesdienstmodelle an vielen Orten Nachahmung finden, damit Kinder den Glauben als etwas Kostbares erfahren und lernen, ihn mit allen Sinnen zu feiern.

Beate Kowalski

I. Advent

1. Der Weg zur Krippe mit dem immer heller werdenden Licht

Vorbereitung

- Vollständige Krippe mit allen Figuren, außer Jesuskind (z. B. Ostheimer Figuren)
- Für jeden Tag im Advent ein Teelicht, für jeden Adventssonntag eine große Kerze
- Liedzettel
- Für jedes Kind 4 kleine Kerzen

Die Krippe sollte schon fertig aufgebaut sein mit Futterkrippe, Ochse, Hirten und Schafen.
Maria und Josef sind mit dem Esel auf dem Weg zum Stall. Dieser Weg wird mit Hilfe von Teelichtern gestaltet. Für jeden Adventssonntag wird eine große Kerze an den Weg gestellt.

Ablauf

▷ Eröffnung

▷ Begrüßung

▷ Anzünden der Kerze

▷ Gemeinsames Kreuzzeichen

▷ Lied
– SL 151: Gottes Liebe ist so wunderbar (Negro Spiritual)

▷ Einführung
Advent – Zeit des Wartens

▷ Katechese
Maria und Josef sind auf dem Weg von Nazaret nach Betlehem. Wir können uns mit auf den Weg machen, ganz bewußt und gemeinsam, begleitet vom immer heller werdenden Licht, das auf unserem Weg zur Krippe aufstrahlt.

▷ Lied
Kommt, wir schauen in das Licht (in: Detlef Jöcker, Hört ihr alle Glocken läuten. Die schönsten Weihnachtslieder von Detlef Jöcker, Menschenkinder Verlag, Münster 1993)

▷ Fürbitten
Licht bringen/Licht sein

▷ Zwischenruf
– SL 112: Tragt in die Welt nun ein Licht (Text und Melodie:
Wolfgang Longard, Rechte: Verlag Ernst Kaufmann, Lahr)

▷ Vaterunser

▷ Segen/Kindersegen

▷ Lied
Weihnachten ist nicht mehr weit (in: Detlef Jöcker, Hört ihr alle
Glocken läuten. Die schönsten Weihnachtslieder von Detlef Jöcker,
Menschenkinder Verlag, Münster 1993)

Elemente für den Gottesdienst

▷ Einführung
Wir sind heute hier zusammengekommen, um miteinander Gottes-
dienst zu feiern.
Die Zeit vor Weihnachten ist für euch Kinder ja eine spannende Zeit.
Wir warten auf das große Fest, an dem wir Jesu Geburtstag feiern.
Übrigens, wer weiß denn, wie man diese „Wartezeit" auf Weih-
nachten überhaupt nennt? Advent!
Ja, das Warten ist oft gar nicht so einfach! Da braucht man jede
Menge Geduld!
Wir wollen euch heute zeigen, wie ihr auch zu Hause die Zeit des
Wartens auf Weihnachten, auf die Ankunft Jesu in unserer Welt
schön gestalten könnt.

▷ Katechese
Ihr habt es sicher schon alle entdeckt: Wir haben euch heute eine
Krippe mit in die Kirche gebracht. Eine Krippe kennt ihr vielleicht
schon von zu Hause.
Schaut sie euch einmal genau an: den Stall mit der Futterkrippe, in die
am heiligen Abend das Jesuskind hineingelegt wird, die Hirten, die auf
dem Feld ihre Schafe hüten. Und hier, ein ganzes Stück entfernt vom
Stall, Maria und Josef, die mit ihrem Esel unterwegs sind.
Weiß einer von euch, wie die Stadt heißt, in der Maria und Josef zu
Hause sind? Das ist Nazaret in Galiläa. So wird ein Landstrich im
Norden von Palästina genannt. Der Stall, in dem Jesus geboren
wurde, steht in Betlehem in Judäa. Judäa liegt weiter südlich. Von
Nazaret nach Betlehem ist es ganz schön weit, vor allem, wenn man,

wie Maria und Josef, zu Fuß unterwegs ist. Für den weiten Weg brauchten die beiden damals bestimmt 7 Tage!

Besonders beschwerlich war es für Maria, weil sie ein Kind erwartete. Warum sie überhaupt noch so kurz vor der Geburt des Kindes nach Betlehem reisten, das will ich euch jetzt vorlesen, denn das steht in der Bibel:

„Eines Tages traf eine Nachricht aus Rom ein. Sie kam von Kaiser Augustus, dem mächtigsten Mann der Erde.

Der schickte Boten in alle Länder seines Reiches, in jede Stadt und in jedes Dorf. Und er ließ ausrufen: So befiehlt Kaiser Augustus: Macht euch auf! Laßt euch zählen und mit Namen eintragen, jeder in seiner Vaterstadt!

Da half nichts. Der Kaiser hatte es befohlen. Alle mußten gehorchen, ob sie wollten, oder nicht. Auch Josef machte sich auf, zusammen mit Maria, und zog in seine Vaterstadt, nach Betlehem, in die Stadt seiner Vorfahren, aus der einst König David kam."

(nach Lukas, aus: Irmgard Weth, Neukirchener Kinder-Bibel, mit Bildern von Kess de Kort, © Kalenderverlag des Erziehungsvereins, Neukirchen-Vluyn [11]1998)

So war das damals. Der Kaiser ordnete an und alle mußten tun, was er befohlen hatte. Deshalb hatten Maria und Josef auch gar keine andere Wahl, als sich auf den Weg zu machen.

Die beiden damals waren ganz schön lange unterwegs und auch wir haben noch einige Tage vor uns, bis wir Weihnachten feiern können. Laßt uns Maria und Josef auf ihrem Weg begleiten, jeden Tag ein Stückchen, dann wird uns die Zeit bis zum heiligen Abend nicht mehr so lang.

Schaut euch die Figuren hier auf dem Weg noch einmal an. Es sind Maria und Josef, unterwegs mit ihrem Esel. Entlang dieses Weges haben wir Kerzen aufgestellt. Die vielen kleinen Teelichter stehen für je einen Werktag im Advent, die vier großen Kerzen stehen für die vier Adventssonntage.

Das ist fast so wie ein Adventskalender. Statt ein Türchen zu öffnen, wird jeden Tag eine Kerze mehr angezündet auf diesem Weg. Wir wollen jetzt auch diese Kerzen nacheinander anzünden, aber nur bis zu der Kerze, die für den heutigen Tag steht. *(Entsprechende Anzahl der Kerzen anzünden)*

Ihr könnt es sehen: Mit jedem Tag, den wir Weihnachten näher kommen, wird das Licht auf dem Weg zur Krippe heller, bis es am heiligen Abend ganz hell aufstrahlt und von der Geburt Jesu kündet.

Maria und Josef wandern jeden Tag ein kleines Stückchen weiter, bis sie dann am heiligen Abend den Stall erreichen. Dann können auch wir das Jesuskind in die noch leere Krippe legen.

Wäre das nicht eine Idee für zu Hause? Ihr stellt euch eure eigene Krippe auf und begleitet Maria und Josef auf ihrem Weg nach Betlehem!

Zum einen ist es ja fast zu schade, die Krippe erst am heiligen Abend auszupacken, um sie dann nach ein paar Tagen wieder im Karton verschwinden zu lassen, zum anderen kann man mit dem täglichen Anzünden der Kerzen ein „Adventsstündchen" verbinden.

Ein Adventsstündchen ist eine gemeinsame Zeit, zum Beispiel vor oder nach dem Abendessen, in der sich die ganze Familie zusammensetzt und vielleicht eine Geschichte hört, gemeinsam singt und musiziert, bastelt . . ., gemeinsam erlebt, wie das Licht auf dem Weg zur Krippe immer heller wird.

Als Start für euren Adventsweg zu Hause bekommt jedes Kind nach dem Gottesdienst vier Kerzen, für jeden Adventssonntag eine.

Aber jetzt wollen wir erst einmal ein Lied vom Licht singen.

„Kommt, wir schauen in das Licht . . ."

▷ Fürbitten

Zwischen den einzelnen Fürbitten wird jeweils eine Liedstrophe aus „Tragt in die Welt nun ein Licht" gesungen.

Lieber Gott, wir stehen im Advent, wir warten auf Weihnachten, das Fest der Geburt deines Sohnes. Du hast ihn in die Welt geschickt, damit er unser Leben hell macht. Wir bitten dich:

– Laß uns dein Licht in die Welt tragen, damit es für die Menschen, die im Dunkeln leben, ein wenig heller wird, wenn sie deine Liebe spüren.
  Tragt in die Welt nun ein Licht . . .
– Laß uns die Menschen nicht vergessen, die krank und einsam sind und gerade in der Zeit vor Weihnachten auf Besuch warten.
  Tragt zu den Kranken ein Licht . . .
– Laß in unseren Kindern den Glauben an dich wachsen und gib uns Eltern den Mut und die Kraft, ein lebendiges Beispiel des Glaubens zu sein.
  Tragt zu den Kindern ein Licht . . .

Lieber Gott, du hast uns lieb und machst unser Leben hell und warm, dafür danken wir dir, heute und alle Tage.

2. Der Weg zum Stall – Herbergssuche

Josefs Esel erzählt vom langen Weg nach Betlehem

Vorbereitung
- Krippenfiguren aus der Kirche: Maria, Josef, Ochse, Esel, Futter-krippe und Stroh
- Stroh zum Basteln von Strohsternen für jedes Kind
- Liedzettel

Ablauf

▷ Eröffnung

▷ Begrüßung

▷ Anzünden der Kerze

▷ Gemeinsames Kreuzzeichen

▷ Lied
– GL 115: Wir sagen euch an den lieben Advent

▷ Einführung
Vorstellen der Krippenfiguren, zuletzt den Esel

▷ Katechese
Basiert auf dem „Lied von Josefs Esel". Der Esel erzählt vom langen Weg nach Betlehem. Die Geschichte wird abschnittsweise mit den Kindern erarbeitet, jeweils unterbrochen von der passenden Lied-strophe. Die Erzählung endet, wenn Maria, Josef und der Esel den Stall erreichen.

▷ Lied
Lied von Josefs Esel, Str. 1–5 (in: Detlef Jöcker, Hört ihr alle Glocken läuten. Die schönsten Weihnachtslieder von Detlef Jöcker, Menschenkinder Verlag, Münster 1993)

▷ Vaterunser

▷ Segen/Kindersegen

▷ Lied
Weihnachten ist nicht mehr weit (in: Detlef Jöcker, Hört ihr alle Glocken läuten. Die schönsten Weihnachtslieder von Detlef Jöcker, Menschenkinder Verlag, Münster 1993)

▷ Hinweis
Maria und Josef werden nach der Katechese zu Ochs und Esel an die
Krippe gestellt.
Schön ist es, wenn diese Krippenszene bis Weihnachten stehen blei-
ben und dann mit den restlichen Figuren vervollständigt werden
kann.

Elemente für den Gottesdienst

▷ Einführung
Wir sind heute hier in unserer Kirche zusammengekommen, um
gemeinsam Gottesdienst zu feiern.
Wir sind mitten im Advent und das ist eine spannende Zeit, weil wir
auf etwas warten. Wir warten auf Weihnachten, auf die Geburt Jesu.
Zu Weihnachten bauen wir hier in der Kirche etwas Besonderes auf:
die Krippe!
Wer weiß denn, was alles zu einer Krippe gehört? (. . .)
Ein paar Figuren davon haben wir euch heute schon mitgebracht.
Maria und Josef *(Hier können die evtl. Besonderheiten der Figuren
erwähnt werden. Maria und Josef werden etwas entfernt vom ,,Stall"
aufgestellt.)*
Vom Stall haben wir hier die Futterkrippe, in der das Jesuskind liegen
wird, etwas Stroh, wie es in jedem Stall zu finden ist und den Ochsen.
Etwas fehlt noch! Der Esel! Der Esel kommt jetzt hier zu uns in die
Mitte, weil er uns gleich eine ganz spannende Geschichte erzählen
will!

▷ Katechese
*Den Esel evtl. auf den Schoß nehmen, damit deutlich wird: er hat jetzt
das Wort!*
Hallo, ich bin Josefs Esel. Ja, was ich damals so alles erlebt habe, das
ist wirklich eine ganz spannende Sache! Es gibt einen Musiker, der
hat für mich ein Lied geschrieben, das Lied von Josefs Esel. Laßt uns
doch erst mal zwei Strophen davon singen:
*Ich komm daher aus alter Zeit, und meine Reise war so weit, als Esel
trug ich manche Last, komm heut zu euch hier her als Gast. I-a, I-a . . .
Ich diente Josef Jahr für Jahr, was wirklich oft sehr mühsam war,
hört, was vor langer Zeit geschah, was ich mit eignen Augen sah. I-a,
I-a . . .*

In dem kleinen Ort Nazaret, im Land Israel, lebten vor etwa 2000
Jahren, so lang ist das schon her, ein Mann und eine Frau. Maria und
Josef. Ich lebte bei den beiden, sie waren sehr gut zu mir!

Maria und Josef erwarteten ein Baby und sie freuten sich sehr auf das Kind. Das Baby war ein ganz besonderes Baby. Ihr wißt das bestimmt! Es war Jesus, der Sohn Gottes.

Und als es fast so weit war, daß das Baby zur Welt kommen sollte, kamen eines Tages Boten in unser Dorf und brachten eine Nachricht aus Rom, vom Kaiser Augustus, dem mächtigsten Mann der Erde.

Dieser Kaiser hatte seine Boten losgeschickt, in jede Stadt und jedes Dorf seines großen Reiches, und ließ allen Leuten sagen: „Laßt euch zählen und mit Namen eintragen, jeder in seiner Vaterstadt!"

Vom Kaiser Augustus wird auch in meinem Lied erzählt. Laßt uns die Strophe einmal singen:

Der Kaiser gab einmal Befehl: „Zählt alles Volk, zählt gut und schnell! Ein jeder sei dorthin geschickt, wo er das Licht der Welt erblickt. I-a . . .

Befehl ist Befehl. Alle mußten gehorchen und sich zählen lassen. Da half nichts! Wir hatten einen ganz schön weiten Weg vor uns. Wir mußten bis nach Betlehem reisen!

Also packten Maria und Josef das Nötigste zusammen, ein paar Kleider, Decken, etwas zum Essen, Wasser zum Trinken – das ist ganz wichtig auf so einem langen Weg – und ein paar Tücher und Windeln, denn das Baby sollte ja bald geboren werden.

Josef machte sich große Sorgen, ob Maria den weiten Weg wohl schaffen würde. Aber Maria war ganz ruhig und sagte: „Hab nur Vertrauen Josef, der liebe Gott paßt auf uns auf! Wir werden noch rechtzeitig vor der Geburt des Kindes in Betlehem ankommen. Wenn ich müde bin vom Laufen, wird der Esel mich tragen."

Das habe ich dann natürlich auch getan. Ich bin ganz vorsichtig gelaufen, damit Maria nicht so durchgeschüttelt wurde und ich habe aufgepaßt, daß ich nicht über einen Stock oder Stein stolperte.

Auch davon erzählt mein Lied:

Obwohl Maria schwanger war, mußten wir los in jenem Jahr, auf meinem Rücken trug ich sie, so vorsichtig, so sanft wie nie. I-a . . .

Wir waren lange unterwegs, ich glaube es waren 7 Tage. Das war ganz schön anstrengend! Bergauf, bergab, tagsüber war es glühend heiß. Die Wege waren total staubig, denn die Straßen waren ja noch nicht so glatt geteert, wie die Straßen heute; nachts war es lausig kalt. Und dann hatten wir auch noch einen Regentag erwischt und nirgendwo konnten wir uns unterstellen. Puh, waren wir naß!

Aber Maria und Josef haben sich nie beklagt. Sie haben immer wieder zum lieben Gott gebetet und Maria hat Josef getröstet, wenn er sich Sorgen machte, ob wir wohl heile ankommen in Betlehem.

Dann, endlich, hatten wir die Stadt erreicht. Maria und Josef freuten sich nach all den kalten Nächten unter freiem Himmel auf ein warmes Bett in einer Herberge, so hießen die Hotels damals, und ich freute mich auf frischen Hafer, aber: nichts! Nirgendwo war ein Zimmer zu kriegen, keiner wollte uns haben.

Da fing Maria dann doch an zu weinen: der weite Weg, das Baby sollte doch bald geboren werden und nirgends war ein Zimmer zu bekommen ...

Ein kleiner Junge lief schon eine ganze Weile hinter uns her und als er Maria weinen sah, sagte er zu Josef: „Kommt mit, ich weiß wo ihr hin könnt. Es ist zwar nur ein alter Stall draußen vor der Stadt, aber wir haben heute frisches Stroh hingebracht und ihr habt wenigstens ein Dach über dem Kopf!" Josef nahm ihn bei der Hand und der kleine Junge zeigte uns den Weg.

Ihr glaubt gar nicht, wie froh wir waren, als wir beim Stall ankamen! Obwohl ich total müde war, bin ich vor Freude einmal um den Stall herum galoppiert.

So, bevor ich mich zu meinem Freund, dem Ochsen, in den Stall lege, wollen wir noch einmal gemeinsam singen:

Nach langem Weg und vieler Müh, in Hitz und Staub, bald spät, bald früh, da fanden wir den Stall voll Stroh, ich sage euch, was waren wir froh. I-a, I-a ...

Esel ins Stroh legen. Maria und Josef werden zur Krippe gestellt.

Das war die Geschichte von Josefs Esel. Wie es damals weiterging im Stall, hören und feiern wir an Weihnachten.

Wir haben gerade gesungen: „Da fanden wir den Stall voll Stroh ..."
Hier habe ich Stroh für euch, Bastelstroh.

Gleich nach dem Schlußlied darf sich jedes Kind ein Bündelchen davon mitnehmen. Mit dem Stroh kann man eine ganze Menge machen. Ihr könnt es zum Beispiel zu Hause in euren Krippenstall legen, oder ihr könnt damit einen Strohstern basteln. Mama und Papa helfen euch bestimmt dabei und zeigen euch, wie das geht.

Ich möchte euch einladen, diesen Stern Weihnachten *(Krippenfeier oder Familiengottesdienst)* wieder mit in die Kirche zu bringen. Wir werden dann alle eure Sterne zur Krippe legen, oder an unseren Weihnachtsbaum hängen. Das sieht bestimmt sehr schön aus, wenn so viele verschiedene Sterne unseren Baum und unsere Krippe schmücken. Und das Jesuskind freut sich bestimmt über so ein schönes Geschenk.

(Hier kann eingeladen werden zu einem Kinder- oder Familien-gottesdienst/einer Krippenfeier an Weihnachten)

▷ Vaterunser

Bevor wir zum Ende des heutigen Gottesdienstes kommen, wollen wir gemeinsam das Gebet sprechen, das wir von Jesus selber gelernt haben. *(großen Kreis bilden und anfassen)*

3. Johannes, der Rufer in der Wüste

Diese Gottesdienstvorlage ist entstanden im Zuge einer thematischen Reihe innerhalb der Adventszeit. Alle Gemeindegottesdienste basierten auf dem Thema: „Johannes der Täufer". In der Kirche war eine Wüste aufgebaut, die wir zur Gottesdienstgestaltung mit einbezogen haben. Eine solche Wüste kann mit wenigen Eimern Sand auf einer festen Folie ohne Probleme auch für einen einzelnen Gottesdienst aufgebaut werden.

Vorbereitung

- Liedzettel
- Johannesfigur (z. B. Laubsägearbeit)
- kleine Steine zum Weg bauen
- Steine zum Mitgeben
- Große Äste/große Steine

Ablauf

▷ Eröffnung

▷ Begrüßung

▷ Anzünden der Kerze

▷ Gemeinsames Kreuzzeichen

▷ Lied
– SL 108,1.3.4: Seht, die gute Zeit ist nah (Text und Musik: Herkunft unbekannt)

▷ Einführung
Gespräch mit den Kindern über das, was sie sehen: Sand/Wüste/Johannes

▷ Schrifttext
Bereitet dem Herrn den Weg (Mk 1,1-5)

▷ Lied
– SL 31,1.4: Daß du mich einstimmen läßt (Text und Melodie: Kommunität Gnadenthal, © Präsenz-Verlag, D-65597 Gnadenthal)

▷ Katechese
Wegerfahrungen: Was kann beim Spazierengehen so alles im Weg liegen?
Was muß man tun, um den Weg begehen zu können?
Einen Weg in der Wüste bauen, Bezug zum Markus-Text schaffen

▷ Fürbitten

Mit Zwischenruf: Seid bereit, seid bereit; Refrain von: Im Advent ist das Licht erwacht (in: Rolf Krenzer und Detlef Jöcker, Weihnachten ist nicht mehr weit. Neue Advents- und Weihnachtslieder, Menschenkinder Verlag, Münster 1986)

▷ Vaterunser

▷ Segen/Kindersegen

▷ Lied

Weihnachten ist nicht mehr weit (in: Detlef Jöcker, Hört ihr alle Glocken läuten. Die schönsten Weihnachtslieder von Detlef Jöcker, Menschenkinder Verlag, Münster 1993)

Elemente für den Gottesdienst

▷ Einführung

Unseren Gottesdienst feiern wir heute an einer Stelle in der Kirche, an der etwas ganz Besonderes aufgebaut ist, was sonst nicht hier steht.

Was mag das wohl sein? Jede Menge Sand haben wir hier! Ein Sandkasten in der Kirche, was hat das denn wohl zu bedeuten?

In diesen Sand ist etwas hinein gebaut: eine Landschaft mit Hügeln und Tälern, dicken Steinen und dürren Ästen.

Wo ist denn die Landschaft so öde, trocken und leer? In der Wüste!

Da steht auch noch jemand in unserer Wüste, ein Mann, nur mit Kamelhaar bekleidet, der breitet seine Arme aus und ruft!

Das ist Johannes! Warum der gerade in der Wüste steht und was er ruft, ist in der Bibel aufgeschrieben. Wir wollen einmal hören, was da steht:

▷ Schrifttext (Mk 1,1-5)

Anfang des Evangeliums von Jesus Christus, dem Sohn Gottes:

Es begann, wie es bei dem Propheten Jesaja steht:

Ich sende meinen Boten vor dir her, er soll den Weg für dich bahnen.

Eine Stimme ruft in der Wüste: Bereitet dem Herrn den Weg! Ebnet ihm die Straßen!

So trat Johannes der Täufer in der Wüste auf und verkündigte Umkehr und Taufe zur Vergebung der Sünden. Ganz Judäa und alle Einwohner Jerusalems zogen zu ihm hinaus, sie bekannten ihre Sünden und ließen sich im Jordan von ihm taufen.

(Einheitsübersetzung der Heiligen Schrift, © Katholische Bibelanstalt, Stuttgart 1980)

▷ Katechese

Bevor wir darüber nachdenken, was das bedeutet, was Johannes der Täufer den Menschen damals gesagt hat, wollen wir ein Lied singen, in dem auch etwas über den Weg und die Wüste gesagt ist.

Daß du mich einstimmen läßt in deinen Jubel, o Herr, großer König, Lob sei dir und Ehre, das erhebt meine Seele zu dir, o mein Gott, großer König, Lob sei dir und Ehre.

Herr, du kennst meinen Weg, und du ebnest die Bahn, und du führst mich den Weg durch die Wüste. Daß du mich einstimmen läßt ...

Zeige du mir den Weg, führe du mich den Pfad, deine Liebe zu verkünden. Daß du mich einstimmen läßt ...

Wer von euch ist in letzter Zeit mal im Wald spazieren gegangen? Das kann ganz spannend sein! Die großen Wege sind meistens schön breit und gut zu begehen, aber wenn man etwas tiefer in den Wald hineingeht, werden die Wege schmaler und holpriger und dann kann es auch schon mal passieren, daß plötzlich etwas im Weg liegt!
Habt ihr das schon mal erlebt, daß auf einmal ein dicker Baumstamm, große Äste, oder ein richtig dicker Stein den Weg blockieren?
Bis hierher konnte man prima laufen, jetzt kommt man nicht weiter, weil der Weg durch ein Hindernis versperrt ist.
Wenn wir hier durch unsere Wüste gehen wollten, hätten wir auch ganz schnell ein Problem!
Überall ist nur Sand, es ist kein Weg erkennbar und die Steine und das Gestrüpp verhindern die Wüstendurchquerung.
Hat jemand eine Idee, wie wir es schaffen könnten, trotzdem zu unserem Johannes dort hinten zu kommen?
Wir können einen Weg bauen! Hier haben wir einen Eimer voll Steine, mit denen ihr eine Wegbegrenzung bauen könnt.
Kinder und Eltern bauen gemeinsam einen Weg vom Rand der Wüste zu Johannes.
Das sieht schon gut aus! Was machen wir mit den Steinen und den Ästen, die genau da liegen, wo wir unseren Weg entlangführen wollen? Genau, die räumen wir aus dem Weg.
Seht ihr, wenn wir jetzt in die Wüste zu Johannes ziehen wollen, ist das gar nicht mehr so schwer, weil wir einen geraden Weg vor uns haben und alle Stolpersteine weggeräumt sind.

Und was hat das jetzt alles mit dem zu tun, was Johannes den Menschen zugerufen hat?

Wir warten auf Weihnachten, auf das Fest von Jesu Geburt. Die Menschen damals, zur Zeit des Johannes, warteten auf die Ankunft des Messias. Sie wußten aus den Schriften, daß Gott seinen Sohn in die Welt schicken wollte. Johannes wußte, daß Jesus der erwartete Messias war und er wollte die Menschen vorbereiten, so wie der Prophet Jesaja es schon vor langer Zeit vorausgesagt hatte. Wir haben es eben gehört: Eine Stimme ruft in der Wüste: Bereitet dem Herrn den Weg, ebnet ihm die Straßen.

Damit meinte er nicht, daß die Leute alle umgekippten Bäume wegräumen sollten, sondern daß sie erkennen, wenn sie etwas Unrechtes getan haben, etwas, das nicht in Ordnung ist. Sie sollten erkennen: Ja, ich habe etwas falsch gemacht und möchte das nicht wieder tun. Und das, was für die Menschen, die damals zu Johannes kamen, galt, gilt heute auch noch für uns.

Wir warten auf Gottes Sohn. Bis Weihnachten ist es gar nicht mehr so lange. Da wäre es doch schön, wenn wir uns ein wenig auf seine Ankunft vorbereiten könnten. Auch in unserem Alltag tun wir oft Dinge, die nicht in Ordnung sind. Da zanken sich die Geschwister untereinander, oft wegen einer Kleinigkeit. Im Kindergarten läßt man immer dasselbe Kind nicht mitspielen. Auf dem Schulhof stellt man dem vorbeilaufenden Klassenkameraden ein Bein . . .

Die Liste ließe sich sicher noch beliebig fortsetzen. Alle diese Dinge sind wie Steine, wie Hindernisse auf unserem Weg. Wir müssen sie wegräumen, wenn wir Jesus den Weg bereiten wollen.

Aber wie geht das? Eigentlich ist das gar nicht so schwer! Wir müssen erkennen, wann wir etwas Unrechtes getan haben und uns ernsthaft bemühen, es das nächste Mal besser zu machen.

Dazu gehört dann auch, den Menschen, dem man Unrecht getan hat, um Verzeihung zu bitten.

Also, wie wäre es, wenn ihr vor dem nächsten Geschwisterstreit überlegt, ob es die Sache überhaupt wert ist, einen Riesenkrach anzuzetteln; wenn ihr im Kindergarten auch einmal das Kind zum Spielen einladen würdet, das sonst immer außen vor steht und wenn ihr auf dem Schulhof die Beine lieber bei euch behaltet.

Damit ihr eure guten Vorsätze nicht so schnell vergeßt, haben wir hier für jedes Kind einen Stein, den ihr als Erinnerung an diesen Gottesdienst mit nach Hause nehmen könnt. Vielleicht denkt ihr dann noch mal an das, was wir heute von den Stolpersteinen und vom Weg bereiten gesagt haben. Jesus geht mit uns und er freut sich, wenn wir solche Stolpersteine aus dem Weg räumen.

In den Fürbitten, die wir jetzt gemeinsam beten wollen, bitten wir ihn um seine Mithilfe, damit unser Weg ein guter Weg wird:

▷ Fürbitten

Als Zwischenruf wird der Refrain aus dem Lied „Im Advent ..."
gesungen:
Seid bereit! Seid bereit! Denn der Herr aller Herren ist nicht mehr
weit.
Seid bereit! Seid bereit! Ja der Herr aller Herren, der uns befreit.
Lieber Gott, Johannes hat damals in der Wüste gesagt: Bereitet dem
Herrn den Weg. Auch wir wollen uns auf deine Ankunft vorbereiten
und tragen voll Vertrauen unsere Bitten vor dich:

– Öffne unsere Augen, damit wir erkennen, wenn wir den rechten
  Weg verlassen haben und wenn wir etwas getan haben, was dir
  nicht gefällt.
– Öffne unsere Ohren, damit wir auf dein Wort hören und unser
  Leben ändern, wo es nötig ist.
– Öffne unsere Lippen, damit wir allen von dir erzählen, von deiner
  Liebe und von deiner Geburt, die wir bald feiern.
– Öffne unsere Hände, damit wir teilen und schenken und besonders
  die nicht vergessen, denen es nicht so gut geht, wie uns.
– Öffne unsere Herzen, damit wir die Liebe, die du uns schenkst, an
  andere weitergeben.

Lieber Gott, wir freuen uns auf das Weihnachtsfest, an dem wir den
Geburtstag deines Sohnes feiern. Hilf uns, so zu leben, wie Johannes
es uns zugerufen hat, damit deine Gegenwart in dieser Welt durch
uns spürbar wird.

II. Heilige Drei Könige

1. Die Heiligen Drei Könige und ihre Geschenke

Die Kinder werden bei der Vorankündigung zu diesem Gottesdienst gebeten, Geschenke für das Jesuskind mitzubringen. Etwas, was ihnen wichtig ist und bei dem sie trotzdem bereit sind, es anderen Kindern zu schenken, denen es nicht so gut geht.

Das Vorbereitungsteam sollte im Vorfeld überlegen, wer als ,,Empfänger" der Spenden in Frage kommt (Kinderheim, Flüchtlinge, Kinderklinik, Hilfstransport). Vielleicht läßt sich ja sogar eine offizielle Übergabe organisieren, damit die Kinder sehen, wo ihre Sachen hinkommen.

Vorbereitung
- Liedzettel
- Gold (Münze o. ä.), Weihrauch, (Myrrhe-) Salbe
- Gottesdienst an der Krippe

Ablauf

▷ Eröffnung

▷ Begrüßung

▷ Anzünden der Kerze

▷ Gemeinsames Kreuzzeichen

▷ Lied
Alle Jahre wieder

▷ Einführung
Wer ist neu an der Krippe? Die Heiligen Drei Könige

▷ Schrifttext
Die Geschichte von den Weisen aus dem Morgenland nach Matthäus

▷ Lied
Die Heiligen Drei Könige, Str. 1,2 (in: Detlef Jöcker, Hört ihr alle Glocken läuten. Die schönsten Weihnachtslieder von Detlef Jöcker, Menschenkinder Verlag, Münster 1993)

▷ Katechese
Geschenke der Könige zeigen, erklären und ausprobieren
dazwischen Lied: Die Heiligen Drei Könige, Str. 3,4
Unsere Geschenke für Christus sind Geschenke für andere Kinder

▷ Vaterunser

▷ Segensgebet
Bitte um Schutz und Segen für das neue Jahr

▷ Segen/Kindersegen

▷ Lied
–SL 218: Das wünsch ich sehr (Text: Kurt Rose, Musik: Detlef
Jöcker, aus: Licht auf meinem Weg, Rechte: Menschenkinder Ver-
lag, Münster)

Elemente für den Gottesdienst

▷ Einführung
Daß wir unseren Gottesdienst heute hier an der Krippe feiern, hat
einen bestimmten Grund! In den letzten Tagen hat sich an unserer
Krippe etwas verändert. Maria, Josef und das Jesuskind haben hohen
Besuch bekommen. Nach den Hirten, die ja als erste am Stall waren,
nachdem die Engel von der Geburt Jesu erzählt haben, sind noch
diese drei wunderschön angezogenen Männer nach Betlehem gekommen. Sie werden die Heiligen Drei Könige genannt.
Irgendwie sieht das schon ein bißchen seltsam aus: der arme Stall,
das Jesuskind nur in Windeln gewickelt, die einfachen Hirten und
dann die prächtigen Könige!
Warum haben sie sich wohl auf den weiten Weg gemacht zu diesem
armen Stall?
In der Kinderbibel steht eine Geschichte dazu, die ich euch jetzt
erzählen will:

▷ Schrifttext
In einem fernen Land leben kluge Männer. Man nennt sie die „Weisen aus dem Morgenland". Jede Nacht blicken sie zu den Sternen
auf. Auf einmal entdecken sie einen neuen Stern. Was hat das zu
bedeuten? Sie machen sich auf den Weg. Sie folgen dem Stern. Der
Stern führt sie nach Betlehem. Über dem Stall bleibt er stehen. Sie
freuen sich. Sie sind am Ziel. Sie gehen hinein.
Sie finden Jesus mit seiner Mutter Maria. Sie knien vor Jesus nieder.
Sie haben Geschenke mitgebracht. Es sind kostbare Geschenke, wie

für einen König. Sie schenken dem Kind Gold, Weihrauch und Myrrhe.
(Aus: Hellmut Haug, Das große Bibelbilderbuch, Alle Geschichten der Reihe „Was
uns die Bibel erzählt" in einem Band, Deutsche Bibelgesellschaft, Stuttgart 1994,
S. 150–153)

▷ Katechese
Diese Geschichte von den drei Königen wird in einem Lied erzählt,
das wir jetzt gemeinsam singen wollen. *(Strophe 1 und 2)*

Die Heiligen Drei Könige, so werden sie genannt. Sie folgen einem
hellen Stern durch unbekanntes Land.
Hosianna! Gottes Sohn ist da! Frieden auf Erden! Halleluja!
Die Heiligen Drei Könige, sie gehen durch die Nacht. Geschenke für
das Kind im Stall, die haben sie mitgebracht.
Hosianna! Gottes Sohn ist da . . .

„Geschenke für das Kind im Stall, die haben sie mitgebracht" . . .
Weiß jemand, was das für Geschenke waren?
Das waren ganz wertvolle Geschenke: . . . „kostbar, wie für einen
König", war eben in der Bibel zu lesen; Gold, Weihrauch und Myr-
rhe.
Laßt uns diese Geschenke einmal näher anschauen!
Hier habe ich Gold. *(Goldmünze oder Ring in einer Schmuck-*
schatulle) Gold ist ein Edelmetall, aus dem sehr wertvolle Sachen
gearbeitet werden, z. B. Ketten, Ringe, oder Ohrringe, manche
Menschen haben Goldmünzen, hier in der Kirche sind z. B. der Kelch
und die Schale für das Brot aus Gold gearbeitet.
Ihr seht, es ist schon etwas Besonderes! Zur Zeit Jesu hatten nur ganz,
ganz reiche Leute Gold. Meistens waren das die Könige.
Wenn die Weisen, wie die Männer in der Bibel genannt werden, dem
Jesuskind Gold geschenkt haben, wollten sie damit zeigen: Das Kind
ist der neue König, der den Menschen den Frieden bringen soll, der,
auf den alle Welt schon so lange wartete.
Die Könige wußten: Dieses Kind wird einmal mehr Macht haben als
wir, auch wenn es nicht in einem Palast geboren ist, auch wenn es so
gar nicht königlich in einem armen Stall in einer Futterkrippe liegt.
Deshalb machten die Drei sich auch ganz klein, knieten vor Jesus
nieder und beteten ihn an.

Das zweite Geschenk, von dem in der Bibel gesprochen wird, ist
Weihrauch. Ich habe euch Weihrauch mitgebracht. *(Weihrauch und*
Weihrauchfaß, evtl. mit glühender Kohle zum Vorführen)

Manche sagen, das stinkt, andere sagen, das riecht gut. Das ist wohl Geschmackssache! Der Rauch und der typische Geruch entstehen, wenn man diese Weihrauch-Kügelchen auf die glühende Kohle in ein Weihrauchfaß legt. Riecht mal! Wenn man es mit der Menge nicht übertreibt, dann ist es doch ein recht angenehmer Geruch.

Vielleicht kennt ihr den Weihrauch aus besonderen Gottesdiensten. An den hohen Feiertagen wie Ostern, Weihnachten, Pfingsten, bringen die Meßdiener ihn mit in die Kirche. Zur Ehre Gottes wird dann das große Evangelienbuch und der Altartisch „beweihräuchert" und danach auch die Gemeinde, also alle Leute, die in der Kirche sitzen. So wie der Weihrauch zum Himmel aufsteigt, sollen unsere Gebete zu Gott aufsteigen.

Der Weihrauch als Geschenk, ein Zeichen dafür: Dieses Kind ist Gottes Sohn!

(Zur Freude aller Mütter kann man hier Weihrauch in sämtliche Hosentaschen verteilen und anregen, ihn zu Hause unter Aufsicht(!) auf die heiße Herdplatte zu legen)

Als drittes Geschenk haben die Könige Myrrhe mitgebracht. Myrrhe ist ein wohlriechender klebriger Saft (Harz) vom Myrrhestrauch. Er dient noch heute zur Herstellung von Parfum und kostbaren Salben. Die Salbe könnte ungefähr so wie diese Salbe hier ausgesehen haben. Damals gab es noch nicht so viele Salben, wie heute. Deshalb war diese Salbe auch besonders wertvoll und wurde in einem besonderen Gefäß aufbewahrt.

Die Salbe soll ein Zeichen dafür sein: Gottes Sohn ist als Mensch auf diese Welt gekommen. Er wurde als Kind geboren, wie alle Menschen. Mit ihren Geschenken Gold, Weihrauch und Myrrhe, ehrten die Könige den neuen König, Gottes Sohn, der als Kind in diese Welt gekommen ist.

Ihr habt heute auch Geschenke mit in die Kirche gebracht. Bevor wir uns die anschauen, wollen wir erst noch die 3. und 4. Strophe vom Lied über die Heiligen Drei Könige singen.

Die Heiligen Drei Könige, wie glücklich sie dann sind. Im Sternenlicht sehn sie den Stall und finden dort das Kind.
Hosianna! Gottes Sohn ist da ...
Die Heiligen Drei Könige verneigen sich im Stall. Und himmlischer Gesang steigt auf, bald klingt es überall.
Hosianna! Gottes Sohn ist da ...

Vielleicht sagt ihr ganz kurz, was ihr heute mitgebracht habt.
(...)

Das sind ja richtig tolle Sachen! In der Einladung zu unserem Gottesdienst heute, hatten wir euch gebeten, Geschenke für das Jesuskind mitzubringen, ähnlich, wie damals die Heiligen Drei Könige. Eure Geschenke sollen anderen Kindern eine Freude machen, denen es nicht so gut geht, wie euch. *(Projekt vorstellen, wo die Geschenke hingehen)*
Jesus ist für uns Menschen in die Welt gekommen, um uns Licht und Liebe zu schenken. Mit diesen Geschenken gebt ihr etwas von der Liebe Jesu an andere Menschen weiter und damit macht ihr dem Jesuskind in der Krippe ein ganz großes Geschenk.

▷ Vaterunser
Jesus hat uns ein Gebet geschenkt, das alle Menschen auf der Welt auch heute noch beten. Wir wollen das jetzt auch gemeinsam tun: *Im Kreis aufstellen und an den Händen fassen.*

▷ Segensgebet
Lieber Gott, gerade hat ein neues Jahr begonnen. Wir wollen dieses neue Jahr in deine Hände legen, und bitten dich, alles, was es uns bringen mag, in Segen zu verwandeln.
Wir erbitten deinen Schutz und deine Fürsorge für unsere Kinder, die du uns anvertraut hast. Begleite sie auf ihrem Weg und halte deine schützende Hand über sie. Fang sie auf, wenn sie fallen und tröste sie, wenn sie traurig sind. Segne unsere Kinder!
Öffne uns Eltern die Augen, Ohren und Herzen für die Sorgen und Nöte unserer Kinder, daß wir es merken, wenn sie Hilfe brauchen. Schenk uns Zeit zum Lachen, Spielen, Singen, gemeinsamen Tun, Zeit zum „Erzählen vom lieben Gott". Laß in allem, was wir auch tun, deinen Segen auf uns ruhen.

2. Die Heiligen Drei Könige folgen dem Stern zur Krippe

Vorbereitung
- Liedzettel
- Großer Glitzerstern aus vielen kleinen Sternen, für jedes Kind soll ein Stern da sein. *(Als Material eignet sich selbstklebende Holographiefolie)*
- Der Gottesdienst wird an der Krippe gefeiert

Ablauf

▷ Eröffnung

▷ Begrüßung

▷ Anzünden der Kerze

▷ Gemeinsames Kreuzzeichen

▷ Lied
Alle Jahre wieder

▷ Einführung
Mit den Kindern die Krippe anschauen, bei den Königen Überleitung zur Geschichte.

▷ Erzählung
Ausschnitt aus der Geschichte: „Der Weihnachtsstern" von Marcus Pfister.
Die Könige folgen dem Stern . . .

▷ Lied
Die Heiligen Drei Könige (in: Detlef Jöcker, Hört ihr alle Glocken läuten. Die schönsten Weihnachtslieder von Detlef Jöcker, Menschenkinder Verlag, Münster 1993)

▷ Katechese
Die Könige sind dem Stern gefolgt und bringen dem Jesuskind Geschenke mit. Jedes Kind darf heute als Geschenk einen kleinen Stern mit nach Hause nehmen, ein kleines Stück Weihnachten, ein kleines Stück Glanz von der Krippe.

▷ Fürbitten
Gottes Schutz für unsere Kinder für das neue Jahr

▷ Vater unser

▷ Segen/Kindersegen

▷ Lied
Wir kommen daher aus dem Morgenland (Sternsingerlied)

Elemente für den Gottesdienst

▷ Einführung
Heute haben wir uns zu unserem Gottesdienst an der Krippe versammelt. Viele von euch haben sich die Krippe bestimmt in den letzten Tagen schon einmal ganz genau angeschaut.
Es gibt hier ja auch jede Menge zu entdecken! (...)
Einen großen Stall haben wir, mit Heu und Stroh. Ein Ochse und ein Esel liegen darin und es sind auch noch Leute in dem Stall. Maria und Josef sind es und das Kind in der Futterkrippe ist das Jesuskind.
Dort haben wir den Engel, der den Hirten von der Geburt Jesu erzählt hat. Und die sind dann ganz schnell hingelaufen zum Stall und haben nachgeschaut. Sie haben alles so vorgefunden, wie der Engel es gesagt hatte. Da stehen sie nun, die Hirten, und schauen sich das Jesuskind an. Sie waren übrigens die ersten, die die frohmachende Neuigkeit erfahren haben. Zu den Hirten gehören natürlich auch Schafe. Die freuen sich übrigens, wenn sie gestreichelt werden.
Was ist denn neu an der Krippe? Was hat an Weihnachten noch nicht hier gestanden? Das Kamel und die drei Männer hier: Was sind das denn für Leute? Könige! Das sind Könige aus dem Morgenland.
Wieso kommen die denn erst jetzt? Haben die sich verlaufen?
Und hier haben wir noch etwas: einen großen, glitzernden Stern!

Ich möchte euch jetzt eine Geschichte erzählen, die von diesen Königen handelt und von dem großen Stern hier. Damit auch alle etwas hören, setzen wir uns alle zusammen hier auf die Matte.
„Doch nicht nur die Hirten hatten die frohe Botschaft von der Geburt des Jesuskindes vernommen. Auch dem König des schönsten morgenländischen Palastes war die gute Nachricht zugetragen worden. Er freute sich über die Ankunft des neuen Friedensfürsten.
Nach langen Jahren des Krieges sehnten sich das Volk und sein König nach Ruhe und Frieden.
Vom großen Balkon aus entdeckten der König und seine Gefolgschaft den Stern. Sein heller Schein ließ die goldenen Kuppeln des Schlosses erstrahlen. ‚Sattelt mein Kamel!' befahl der König. ‚Tragt mir die kostbarsten Geschenke zusammen und packt sie auf das Tier. Ich will das heilige Kind willkommen heißen. Der helle Stern am Himmel wird mir den Weg zu ihm zeigen!'

Bald schon traf er auf zwei andere Könige, die demselben Ziel entgegenritten. Wie weit doch die Kunde schon gedrungen war! Der König ritt hin und sprach zu ihnen: ‚Laßt uns den jungen Friedensfürsten gemeinsam begrüßen und beschenken!'
So folgten die drei Könige dem Weihnachtsstern auf dem langen Weg durch die Wüste.
(...)
Über einem kleinen Stall blieb der Weihnachtsstern schließlich stehen. Er ließ die unscheinbare Hütte in festlichem Glanz erstrahlen. Alle wollten das heilige Kind willkommen heißen.
Friedlich lag der Wolf neben dem Lamm, der Fuchs neben dem Hasen, und die mächtigen Könige unterhielten sich mit den einfachen Hirten."
(Aus: Marcus Pfister, Der Weihnachtsstern, Nord Süd Verlag, Gossau/Zürich/Hamburg 1993)

▷ Katechese
Genau diese Geschichte, die wir gerade gehört haben, wird auch in einem Lied erzählt, das wir jetzt gemeinsam singen wollen.
Die Heiligen Drei Könige, so werden sie genannt ...

Wir haben es gehört und wir haben es gesungen: Die Heiligen Drei Könige haben einen Stern gesehen. Das muß ja ein ganz besonderer Stern gewesen sein, der den Königen und auch anderen Menschen so aufgefallen ist, daß sie sich auf den Weg gemacht haben und dem Stern gefolgt sind!
Aber es gibt doch so viele Sterne am Himmel! Jetzt, wo es abends so früh dunkel wird, habt ihr sicher auch schon einmal nach den Sternen geschaut, die so schön am Himmel glitzern und funkeln. Es muß ein Stern schon ganz besonders groß, hell und strahlend sein, damit er zwischen all den anderen Sternen auffällt!
Der Weihnachtsstern, der von der Geburt des Jesuskindes kündete, war so ein ganz besonderer Stern. Er war so schön, daß alle Menschen zu ihm aufschauten und ihm folgten, um zu sehen, wo er sie hinführt. Und sie haben ja auch etwas ganz Schönes gefunden: das Jesuskind! Gottes Sohn, als kleines Kind, so wie wir alle auf diese Welt gekommen sind!
Die Könige haben sogar einen ganz langen Weg durch die Wüste auf sich genommen, damit sie dieses Kind begrüßen konnten.
Aber sie wollten nicht nur „Hallo" sagen, sie wollten dem Kind auch etwas schenken, denn sie wußten, daß es ein ganz besonderes Kind war. In der Geschichte eben haben wir gehört, daß der König sich über die Ankunft des neuen Friedensfürsten freute.

Friedensfürst, das bedeutet, daß Jesus in die Welt gekommen ist, um uns Menschen den Frieden zu bringen. Auf seine Ankunft haben die Menschen damals gewartet. Deshalb wird das Kind in der Krippe wie ein König begrüßt und von den königlichen Besuchern aus dem fernen Morgenland wie ein König beschenkt.

Die Könige haben Gold, Weihrauch und Myrrhe mitgebracht. Gold hatte damals nur ein König, der Weihrauch wurde zur Ehre Gottes angezündet (das tun wir noch heute in besonderen Gottesdiensten) und aus dem Saft der Myrrhe wird damals wie heute eine kostbare Heilsalbe hergestellt.

Sie ehrten damit den neuen König, Gottes Sohn, der als Kind in diese Welt gekommen ist.

Die Könige haben das Jesuskind beschenkt Wir wollen euch auch etwas schenken, etwas, das auf seine Weise wertvoll ist. Wenn ihr euch den schönen großen Stern hier anschaut, seht ihr, daß er aus vielen kleinen Sternen zusammengesetzt ist.

Es sind so viele Sterne, daß jedes Kind einen davon mit nach Hause nehmen kann. Diesen Stern könnt ihr euch zu Hause an einen Platz kleben, wo ihr ihn immer wieder anschauen könnt. Er will euch nämlich etwas sagen, immer wieder, auch wenn der Weihnachtsbaum abgeschmückt und die Krippe wieder eingepackt ist.

Dieser Stern möchte euch an den großen Stern erinnern, der damals die Menschen zum Stall geführt hat. Er möchte euch daran erinnern, daß Jesus als Kind, so wie wir alle, auf diese Welt gekommen ist, um uns den Frieden zu bringen, um uns seine Liebe zu schenken.

Der Stern will uns sagen: Jesus ist immer für uns da, er hat uns lieb und beschützt uns das ganze Jahr.

Wenn wir daran denken, wenn wir den Stern sehen, dann leuchtet uns das ganze Jahr ein Stückchen vom Weihnachtslicht und das ist doch ein schöner und frohmachender Gedanke.

▷ Fürbitten
Lieber Gott, du hast uns diese Kinder anvertraut, damit wir sie auf ihrem Lebensweg begleiten. Am Anfang dieses neuen Jahres bitten wir dich voll Vertrauen für diese Kinder:

– Sei du, Herr, vor ihnen, um ihnen den rechten Weg zu weisen.
– Sei du, Herr, neben ihnen, um sie in die Arme zu schließen und sie zu schützen, gegen Gefahren von rechts und von links.
– Sei du, Herr, hinter ihnen, um sie zu bewahren vor der Heimtücke böser Menschen.
– Sei du, Herr, unter ihnen, um sie aufzufangen, wenn sie fallen, und sie aus der Schlinge zu ziehen.

– Sei du, Herr, in ihnen, um sie zu trösten, wenn sie traurig sind.
– Sei du, Herr, um sie herum, um sie zu verteidigen, wenn andere
über sie herfallen.
– Sei du, Herr, über ihnen, um sie zu segnen.
Lieber Gott, wir danken dir, daß du immer für uns da bist. Laß in
allem, was wir tun, deinen Segen auf uns ruhen. Amen.
*(Diese Bitten sind zusammengestellt aus einem altchristlichen Se-
gensgebet)*

3. Die drei Weisen aus dem Morgenland

In vielen der hier vorgestellten Gottesdienste bekommen die Kinder etwas zur Erinnerung mit nach Hause. In diesem Gottesdienst bekommen die Kinder eine Schatzkiste, in der sie diese Sachen alle sammeln können. Schön ist es, wenn nach dem Gottesdienst die Möglichkeit besteht, die Kisten z. B. im Pfarrheim gemeinsam zu verzieren.

Vorbereitung

– Liedzettel
– Schatzkisten (= Schuhkartons)
– Material zum Verzieren der Schatzkisten
– Der Gottesdienst wird an der Krippe gefeiert

Ablauf

▷ Eröffnung

▷ Begrüßung

▷ Anzünden der Kerze

▷ Gemeinsames Kreuzzeichen

▷ Lied
– SL 17: Laßt uns miteinander (Text und Musik: mündlich überliefert, Herkunft unbekannt)

▷ Einführung
Die Kinder schauen und erzählen lassen: Was ist in diesen Tagen neu zur Krippe hinzu gekommen?

▷ Schrifttext
Die Geschichte von den Weisen aus dem Morgenland nach Matthäus

▷ Lied
Die Heiligen Drei Könige (in: Detlef Jöcker, Hört ihr alle Glocken läuten. Die schönsten Weihnachtslieder von Detlef Jöcker, Menschenkinder Verlag, Münster 1993)

▷ Katechese
Die drei Weisen/ihre „normale Aufgabe" war das Sterndeuten; 3 Lebensalter/3 Erdteile/3 Namen; die Gaben der Weisen und ihre Bedeutung; Überleitung zur Schatzkiste

▷ Lied
– GL 282: Lobet und preiset ihr Völker den Herrn
im Wechsel mit:

▷ Lobpreis
Wir loben/preisen/beten an . . .

▷ Vaterunser

▷ Segen/Kindersegen

▷ Lied
Alle Jahre wieder

Elemente für den Gottesdienst

▷ Einführung
Heute feiern wir unseren Gottesdienst an der Krippe. Da gibt es ja
ganz viele Sachen zu entdecken . . .
Schafe sind da und Hirten, Ochse und Esel, Maria, Josef und das
Jesuskind, der große Verkündigungsengel, der den Hirten gesagt hat:
„Lauft schnell zum Stall nach Betlehem, da ist der neue König
geboren . . ."
Alle Figuren stehen schon seit dem heiligen Abend hier. Aber jetzt
sind noch neue Leute an der Krippe angekommen! Sie sind mit Ka-
melen unterwegs und sind schön angezogen. Wie Könige! Zu diesen
Männern habe ich in der Bibel eine Geschichte gefunden. Laßt uns
einmal hören, was Matthäus von diesen Männern aufgeschrieben hat:

▷ Schrifttext
In einem fernen Land leben kluge Männer. Man nennt sie die „Weisen aus dem Morgenland". Jede Nacht blicken sie zu den Sternen
auf. Auf einmal entdecken sie einen neuen Stern. Was hat das zu
bedeuten? Sie machen sich auf den Weg. Sie folgen dem Stern. Der
Stern führt sie nach Betlehem. Über dem Stall bleibt er stehen. Sie
freuen sich. Sie sind am Ziel. Sie gehen hinein. Sie finden Jesus mit
seiner Mutter Maria. Sie knien vor Jesus nieder.
Sie haben Geschenke mitgebracht. Es sind kostbare Geschenke, wie
für einen König. Sie schenken dem Kind Gold, Weihrauch und Myrrhe.
(Nach Matthäus, aus: Hellmut Haug, Das große Bibelbilderbuch, Deutsche Bibelgesellschaft, Stuttgart 1994)

▷ Katechese
Von den Heiligen Drei Königen, wie die Weisen auch genannt werden, gibt es ein Lied, das wir jetzt gemeinsam singen wollen.

Die Heiligen Drei Könige, so werden sie genannt...

Matthäus spricht in seiner Geschichte, die wir eben gehört haben, von klugen Männern, den Weisen aus dem Morgenland! Das waren Männer, deren Aufgabe es war, die Sterne zu beobachten. Es waren Sterndeuter. Aus den alten Schriften wußten sie, daß zu der Zeit, in der sie lebten, ein neuer König, so hieß es, geboren werden sollte. Und als sie eines Nachts einen neuen, besonders schönen Stern am Himmel entdeckten, machten sie sich auf den Weg, um den neuen König zu suchen und ihm Geschenke zu bringen.
Übrigens spricht Matthäus von Männern, ohne sich auf die genaue Zahl festzulegen. Daß es drei Weise waren, wurde erst einige hundert Jahre später in Legenden erzählt.
Die Zahl Drei hat dabei eine besondere Bedeutung: Schauen wir uns die Drei mal etwas genauer an. Wenn ihr den Königen in die Gesichter schaut, fällt euch dabei bestimmt etwas auf! Die haben verschiedene Hautfarben! Da haben wir einen weißen König; woher stammt der wohl? Aus Europa, aus dem Teil der Erde, in dem wir hier leben. Der Gelbe ist aus Asien und der Schwarze aus Afrika. Sie vertreten somit die Erdteile, die damals zur Zeit der Geburt Jesu bekannt waren, als Zeichen dafür, daß Jesus für alle Menschen, egal welcher Hautfarbe, auf die Welt gekommen ist.
Dann können wir noch etwas entdecken: Wir haben einen ganz jungen König, fast noch ein Kind, einen, der ungefähr so alt ist wie eure Mamas und Papas und einen, der so alt ist, wie eure Omas und Opas. Das ist auch wieder ein Zeichen dafür, daß Jesus für uns alle da sein will, für die Großen, genauso, wie für die Kleinen.
Wer weiß denn, wie die Drei hier heißen? Die haben ja auch jeder einen Namen: Caspar, Melchior und Balthasar. Wie die zu den Namen gekommen sind, will ich euch auch noch schnell erklären:
In diesen Tagen sind die Sternsinger in unserer Gemeinde unterwegs. Sie bringen den Segen Gottes für das neue Jahr in die Häuser und sammeln Geld für Kinder in den armen Ländern. Dabei schreiben sie einen Segensspruch an die Haustüren. Das habt ihr bestimmt schon gesehen! Das sind Zahlen und Buchstaben. In diesem Jahr schreiben sie . . +C+M+B+ . . an die Türen. CMB steht für einen lateinischen Segensspruch „**C**hristus **M**ansionem **B**enedicat", was übersetzt heißt: „Christus segne dieses Haus". Und damit man sich das gut merken kann, hat man sich damals mit den Namen so eine Art Eselsbrücke gebaut. CMB: Caspar, Melchior, Balthasar.
Matthäus schreibt von den Weisen, wir sagen heute Heilige Drei Könige. Könige deshalb, weil sie dem Jesuskind ganz wertvolle

Geschenke mitgebracht haben. Dinge, die damals nur die Könige besaßen.

Wer weiß noch, was das für Sachen waren, die sie dem Jesuskind gebracht haben?

Gold, das Geschenk für den neugeborenen König.

Weihrauch, als Zeichen dafür: dieses Kind ist Gottes Sohn. Weihrauch wurde damals verbrannt, um Gott zu ehren. In besonderen Gottesdiensten verbrennen wir heute auch noch Weihrauch zur Ehre Gottes. So, wie der Weihrauch zum Himmel aufsteigt, sollen unsere Gebete zu Gott aufsteigen.

Myrrhe, der Saft des Myrrhestrauchs, aus dem eine für die Menschen besonders kostbare Heilsalbe hergestellt wurde und wird, als Zeichen dafür: Jesus ist als Kind geboren wie wir alle, er ist Christus, das heißt: der Gesalbte.

Die Könige haben dem Jesuskind kostbare Geschenke mitgebracht. Wir haben euch heute auch ein Geschenk mitgebracht.

Schaut mal her. Auf den ersten Blick sind das ganz normale Schuhkartons. Gleich nach dem Gottesdienst wollen wir diese Kartons mit euch verzieren: anmalen, bekleben, ganz wie ihr möchtet. Denn euer Karton soll ein ganz besonderer Karton werden. So wie meiner hier *(vorbereiteten Karton zeigen)*. Wie sieht der aus? Wie eine Schatzkiste, ganz genau. Was tut man so in eine Schatzkiste hinein? Dinge, die einem wichtig sind. Das kann ein besonderes Bild sein, ein schöner Stein, manchmal auch ein verrosteter Nagel und ein Stück Seil. Jedem ist ja etwas anderes wichtig und wertvoll und das ist ja auch gut so.

In diese Schatzkiste sollen andere Dinge hinein, Dinge die auch ganz wichtig sind. Wir feiern hier immer wieder gemeinsam Gottesdienst, wir erzählen vom lieben Gott, singen und beten. Wir kommen alle gerne hier hin zu den Krabbel- und Kindergottesdiensten und wir tun es, weil es uns wichtig ist, weil Jesus kostbar für unser Leben ist.

Jeder dieser Gottesdienste, die wir hier gemeinsam feiern, ist eine Kostbarkeit und genauso wertvoll für uns, wie die Geschenke der drei Könige für das Jesuskind.

Ihr habt schon öfter etwas als Erinnerung an die Gottesdienste mit nach Hause bekommen *(Beispiele nennen)*. Diese Sachen könnt ihr nun in der Schatzkiste sammeln und vielleicht das ein oder andere Mal noch einmal anschauen, in die Hand nehmen und euch vielleicht daran erinnern, was wir zu dem ein oder anderen Teil von Jesus erzählt haben.

▷ Lobpreis
An dieser Stelle bitten wir sonst den lieben Gott im Fürbittgebet um seine Hilfe. Heute wollen wir es den Königen gleich tun und das

Jesuskind loben und preisen und dazu wollen wir alle aufstehen und uns an den Händen fassen.

Lobpreis im Wechsel mit dem Lied „Lobet und preiset ihr Völker den Herrn, freuet euch seiner und dienet ihm gern. All ihr Völker lobet den Herrn." (GL 282)

– Jesus, du Kind in der Krippe: Wir loben dich, gemeinsam mit den Weisen aus dem Morgenland, denn du hast dich für uns ganz klein gemacht und bist als Kind auf diese Welt gekommen.
Lobet und preiset ihr Völker den Herrn

– Jesus, du Kind in der Krippe: Wir preisen dich, gemeinsam mit den Weisen aus dem Morgenland, denn du schenkst uns jeden Tag aufs Neue deine Liebe und verzeihst uns, wenn wir etwas Unrechtes getan haben.
Lobet und preiset ihr Völker den Herrn

– Jesus, du Kind in der Krippe: Wir beten dich an, gemeinsam mit den Weisen aus dem Morgenland, denn du bist der Schatz in unserem Leben, das Licht auf unserem Weg. Du tröstest uns, wenn wir traurig sind und hältst uns in deiner guten Hand.
Lobet und preiset ihr Völker den Herrn . . .

▷ Vaterunser
Bevor wir Gott um seinen Segen bitten, wollen wir gemeinsam das Vaterunser sprechen.

Hinweis: Wichtig ist, daß alle Kinder, die regelmäßig an den Gottesdiensten teilnehmen, eine Schatzkiste bekommen, auch wenn sie an diesem Gottesdienst nicht teilgenommen haben. Auch sollte für die Kinder, die im Laufe der Zeit neu dazukommen, eine solche Schatzkiste da sein. Unseren Kindern ist diese Kiste sehr wichtig und wertvoll geworden, auch wenn es nicht in jedem Gottesdienst etwas Neues zum Sammeln gibt.

III. Lichtmeß

Du bist das Licht der Welt

Gottesdienst zu Lichtmeß mit Kerzenweihe

In diesem Gottesdienst werden Kerzen für die Kinder geweiht. Schön ist es, wenn diese Kerzen vorher in den Familien oder Krabbelgruppen schön verziert worden sind und Verwendung finden z. B. als Geburtstagskerze, oder Sonntagskerze. Wenn es für die Krabbelgottesdienste bisher keine eigene Kerze gab, besteht die Möglichkeit, eine große Altarkerze zu verzieren und sie in diesem Gottesdienst zu weihen. Die Krabbelgottesdienstkerze ist ein wesentlicher Bestandteil unserer Gottesdienste geworden.

Vorbereitung

– Liedzettel
– Kerzen, jedes Kind soll nach dem Gottesdienst eine Kerze mitnehmen können
– Jesuskind aus der Krippe der Kirche
– gelbes Tuch (ca. 80 x 80 cm)
– 12 quadratische Holzbausteine, 6 goldene Kugeln, Sonnenstrahlen aus Moosgummi

Ablauf

▷ Eröffnung

▷ Begrüßung

▷ Gemeinsames Kreuzzeichen

▷ Lied
– SL 151: Gottes Liebe ist so wunderbar (Negro Spiritual)

▷ Einführung
Legearbeit; (Idee nach Franz Kett, RPR 96/4) aus dem Legematerial wird ein Tempel gebaut, Hinführung zum Evangelientext

▷ Schrifttext
Darstellung des Herrn im Tempel (Aus: Neukirchener Kinderbibel, nach Lk 2,22-40)

▷ Katechese
Worte des Simeon aufgreifen und erklären; Licht/Heil

▷ Lied
Mir ist ein Licht aufgegangen (Text: Kurt Rose, Musik: Detlef Jöcker, aus: Licht auf meinem Weg, Rechte: Menschenkinder Verlag, Münster)

▷ Kerzenweihe
Jesus wurde ein Segen für die Menschen, ein Lichtblick. Nichts anderes läßt uns das so spüren, wie das Licht einer Kerze.

▷ Fürbitten
Laß uns Licht sein

▷ Vaterunser

▷ Segen/Kindersegen

▷ Lied
– SL 112: Tragt in die Welt nun ein Licht (Text und Melodie: Wolfgang Longard, Rechte: Verlag Ernst Kaufmann, Lahr)

Elemente für den Gottesdienst

▷ Einführung
Ich habe euch heute ein paar Dinge mitgebracht, mit denen wir etwas bauen wollen. Zunächst ist hier ein großes, gelbes Tuch. Das leuchtet wie die Sonne. Dieses Tuch wollen wir hier in unsere Mitte legen.
(Aus Bausteinen einen großen Kreis legen.)
Jetzt schaut euch an, was ich hier gebaut habe. Was könnte das sein? Ja, das könnte eine Stadtmauer sein, oder ein Haus . . .
(Die goldenen Kugeln dazu legen.)
. . . ein besonderes Haus! Das hier ist ein Tempel, ein Gotteshaus. Wir sagen heute Kirche dazu.
Dieser Tempel steht in der Stadt Jerusalem in Israel. Er steht mitten in der Stadt und ist sehr schön geschmückt. Die Menschen gehen gerne in das Gotteshaus, um dort zu beten. Auch wenn ein Kind geboren ist, bringen die Eltern das Kind in den Tempel, um den Segen Gottes für das Kind zu erbitten.
Vor wenigen Wochen haben wir die Geburt eines besonderen Kindes gefeiert. Die Geburt Jesu im Stall von Betlehem! *(Das Jesuskind in die Hand nehmen.)* Ich habe euch unser Jesuskind mitgebracht!
Auch Jesus wurde von seinen Eltern in den Tempel nach Jerusalem gebracht.*(Das Jesuskind wird in den Tempel gelegt.)*
Dort wollten Maria und Josef ein Dankopfer bringen und Gott um seinen Segen für dieses Kind bitten.
Und was dort im Tempel passierte, wollen wir in der Bibel nachlesen:

▷ Schrifttext

Als Maria und Josef nach Jerusalem kamen, trafen sie viele Menschen auf den Straßen. Aber niemand begrüßte sie. Und niemand beachtete das Kind. Keiner ahnte ja, daß dieses Kind der Retter war. Nicht einmal der Priester wußte, wer das Kind war, das er da segnete. Doch plötzlich kam ein alter Mann auf Maria und Josef zu. Es war Simeon, ein Mann, der Gott lieb hatte und auf den Retter wartete. Wie freute er sich, als er das Kind sah! Er wußte, wer das Kind war. Schon lange hatte er auf den Retter gehofft und um sein Kommen gebetet. Und Gott hatte sein Gebet erhört und ihm versprochen: „Bevor du stirbst, wirst du den Retter sehen." Jetzt war es soweit. Glücklich nahm er das Kind auf seine Arme, lobte Gott und betete: „Herr, jetzt läßt du deinen Knecht in Frieden sterben, denn meine Augen haben deinen Retter gesehen!"
Und noch jemand kam hinzu: Hanna, eine Prophetin. Sie war schon 84 Jahre alt. Als sie das Kind sah, rief sie voll Freude: „Da ist ja der Retter! Endlich ist er gekommen! Gott sei Lob und Dank!" Und sie erzählte es allen, die mit ihr auf den Retter hofften.
(Endlich ist er da, nach Lk 2,22-40, aus: Irmgard Weth, Neukirchener Kinder-Bibel, mit Bildern von Kess de Kort, Kalenderverlag des Erziehungsvereins, Neukirchen-Vluyn [11]1998)

▷ Katechese

Da sind ja auf den ersten Blick ganz komische Sachen passiert in Jerusalem im Tempel! Maria und Josef, so haben wir gehört, haben Jesus in den Tempel gebracht, weil sie Gottes Segen für ihr Kind erbitten wollten, und Gott dafür danken wollten, daß er ihnen dieses Kind geschenkt hat.
Dann waren da aber noch Leute im Tempel: ein alter Mann und eine alte Frau! Der alte Mann hieß Simeon. Dieser Simeon, so steht es in der Bibel, hatte Gott lieb und wartete schon lange auf den Retter! Wer sollte das denn sein? Jesus war der Retter, auf den alle warteten, auch Hanna, die alte Frau, die mit Simeon im Tempel war!
Jesus sollte die Menschen retten vor Krankheiten, vor Kriegen, vor allem Bösen. Wie wir aus vielen Jesusgeschichten wissen, hat er das ja auch getan. Ich denke da zum Beispiel an den blinden Bartimäus, an den Lahmen und an den Stummen, die er geheilt hat.
Aber laßt uns zu Simeon zurückkehren. Gott hatte ihm versprochen: Bevor ich dich zu mir rufe, wirst du den Retter sehen. Und nun ist es soweit. Als er Maria und Josef mit Jesus im Tempel sieht, ruft er aus: Jetzt bin ich zufrieden, denn Gott hat sein Versprechen gehalten.
Meine Augen haben das Heil gesehen. Dieses Kind ist das Licht für alle Völker.

Das Heil, das heißt, daß Jesus gekommen ist, um die Menschen zu retten, zu trösten, zu heilen.
Und Simeon hat vom Licht gesprochen. Jesus hat das Licht in die Welt gebracht. Er ist für viele Menschen zum Lichtblick geworden. Er hat ihr Leben hell und warm gemacht.
(Sonnenstrahlen um den Tempel herum legen, große Kerze zum Jesuskind stellen, die Kerzen der Kinder im Kreis außen herum.)

Die Sonnenstrahlen sollen das zeigen und die Kerzen wollen uns immer daran erinnern: Jesus schenkt uns sein Licht und seine Liebe. Bevor wir diese Kerzen hier weihen, wollen wir ein Lied singen, das vom Licht erzählt und von Gottes Versprechen, uns nicht allein zu lassen:
Mir ist ein Licht aufgegangen, auf meinem Weg ein heller Schein.
Mir ist ein Licht aufgegangen, Gott spricht, ich werde mit dir sein!

▷ Kerzenweihe
Am 2. Februar feiert die Kirche das Fest Maria Lichtmeß. Da hören wir in der Meßfeier genau das, was wir auch heute gehört und erzählt haben: Maria und Josef brachten Jesus in den Tempel, um für ihn Gottes Segen zu erbitten. Jesus wurde ein Segen für die Menschen, ein richtiger Lichtblick. Beim Betrachten einer Kerze können wir das ganz besonders gut nachfühlen; die Kerze spendet Wärme und Licht, so wie Jesus uns sein Licht und seine Liebe, seine Wärme gibt.
Deshalb werden an diesem Fest in der Kirche alle Kerzen gesegnet, die im Laufe des Jahres hier in der Kirche angezündet werden.
Ihr habt heute schön verzierte Kerzen mit in die Kirche gebracht, Kerzen, die ihr zu besonderen Gelegenheiten anzünden wollt, z. B. an euren Geburtstagen oder Namenstagen. Diese Kerzen sollen euch daran erinnern: Jesus ist unser Licht. Er macht unser Leben hell, er hat uns lieb. Er verspricht uns: ich werde mit euch sein, so wie wir das eben gesungen haben.
Laßt uns nun Gottes Segen für diese Kerzen erbitten:

▷ Segensgebet
Herr Jesus Christus, du bist das Licht der Welt, das Licht für alle Menschen.
Segne + diese Kerze(n), die wir zu deinem Lob im Gottesdienst anzünden. Wie ihr Licht das Dunkel hell macht, so mache du unser Leben hell mit deinem Licht. Schenke uns in unserem Leben Zuversicht und Freude und hilf uns, mit deinem Licht auch das Leben anderer Menschen hell zu machen, der du lebst und herrschst in alle Ewigkeit.

Kerzen mit Weihwasser besprengen und anzünden.
(Aus: Benediktionale, Verlag Herder, Freiburg 1987, S. 225, © Deutsches Liturgisches Institut, Trier)

▷ Fürbitten

Lieber Gott, du bist das Licht der Welt. Zu dir dürfen wir kommen mit allem, was uns bewegt, unseren Sorgen, unserem Dank und unserer Freude. Du hörst auch unsere Bitten:

- Jesus, du unser Licht, laß in unseren Kindern den Glauben an dich wachsen und gib uns Eltern die Kraft und den Mut, ein lebendiges Beispiel des Glaubens zu sein.
- Jesus, du unser Licht, laß uns in unseren Familien aufeinander hören, das rechte Wort füreinander finden, einander tragen und selbst zum Licht werden.
- Jesus, du unser Licht, entzünde in uns das Feuer deiner Liebe.
- Jesus, du unser Licht, laß uns selber Licht sein für die Welt, damit es für die Menschen, die im Dunkeln leben ein wenig heller wird und sie durch uns deine Liebe spüren.

Lieber Gott, du bist das Licht, daß unsere Welt hell und warm macht. Dir dürfen wir uns anvertrauen, du hältst uns in deiner guten Hand. Dafür danken wir dir und preisen dich, jetzt und in Ewigkeit.

Hinweis: Je nach Anzahl der teilnehmenden Kinder ist es sinnvoll, wenn nach der Kerzenweihe nur die große Kerze angezündet wird.

Schön ist es, wenn zu jeder Fürbitte eine weitere Kerze angezündet und zum „Tempel" gestellt wird.

Wenn in diesem Gottesdienst die Krabbelgottesdienstkerze neu eingeführt wird, kann diese im Rahmen der Katechese mit den Kindern gemeinsam verziert werden. Es kann z. B. für jedes Kind ein „Wachskind" vorbereitet werden, was es selber auf der Kerze anbringen kann.

„Diese Kerze steht für unsere Gottesdienste, für unsere Gemeinschaft mit Christus. Mit den Kindern auf der Kerze wollen wir sagen: Wir sind Kinder Gottes, wir wollen zu ihm gehören."

Unsere Kinder sind stolz auf „ihre" Kerze, die bei unseren Gottesdiensten ihren festen Platz in unserer Mitte hat. Begehrt ist das Licht holen beim ewigen Licht und das Anzünden unserer Kerze.

Es ist faszinierend, wie wichtig den Kindern dieses Ritual ist. Eines der Kinder hat einmal gesagt: „Der Priester zieht sein Meßgewand an, einer zündet unsere Kerze an und wir machen das Kreuzzeichen. Das ist wie: Hallo, lieber Gott! Wir sind da! Wir können feiern."

IV. Karneval/Fastnacht/Fasching

Die Freude an Gott ist unsere Stärke (Neh 8,10)

In der Ankündigung zum Gottesdienst werden die Kinder und Eltern eingeladen, kostümiert zum Gottesdienst zu kommen. Die Cowboys, Indianer, Raubritter u.ä. werden gebeten, ihre Colts, Silberbüchsen, Schwerter und andere Waffen zu Hause zu lassen. Vielleicht kann sich dem Gottesdienst ja noch eine bunte Karnevalsfete anschließen.

Vorbereitung

– Liedzettel
– Gottesdienst möglichst im Stuhlkreis, die Kinder brauchen Bewegungsfreiheit

Ablauf

▷ Eröffnung

▷ Begrüßung

▷ Anzünden der Kerze

▷ Gemeinsames Kreuzzeichen

▷ Lied
Das Gott sich daran freut (Musik: Detlef Jöcker, Text: Rolf Krenzer, Wir kleinen Menschenkinder, Rechte: Menschenkinder Verlag, Münster)

▷ Einführung
Die Kinder können erzählen, „wer" und „was" sie sind.

▷ Katechese
Warum feiern wir Karneval? Wo hat dieses Fest seinen Ursprung? Freude in der Kirche, Jesus kennt die Freude, anhand der Geschichte „Die Hochzeit von Kana"

▷ Lied
– S 218: Das wünsch ich sehr (Text: Kurt Rose, Musik: Detlef Jöcker, aus: Licht auf meinem Weg, Rechte: Menschenkinder Verlag, Münster)

▷ Dankgebet

▷ Vaterunser

44

▷ Segen/Kindersegen

▷ Lied
– SL 251: Herr, wir freuen uns, der Tag ist schön, 1. Str., mit Tanz im Kreis, wenn möglich, um den Altar (Text und Musik: Gertrud Lorenz, Rechteinhaber unbekannt)

Hinweis: Die Lieder zu diesem Gottesdienst laden schon vom Text her zur Bewegung, zum Mitmachen ein. Wenn es überhaupt einer besonderen Aufforderung bedarf, sollten die Kinder nachdrücklich zum Mittun animiert werden und natürlich auch den nötigen Platz dazu haben.

Elemente für den Gottesdienst

▷ Einführung
Schön, daß so viele der Einladung zum Krabbel- und Kindergottesdienst gefolgt sind und in so tollen Kostümen in die Kirche gekommen sind. Wir wollen heute einen ganz besonders fröhlichen Gottesdienst feiern. Wir wollen unsere Freude zeigen und wir wollen von Jesus hören. Er hat auch gefeiert und sich so richtig gefreut!
Zuerst wollen wir uns aber einmal eure Kostüme anschauen und sehen, als was ihr hierher gekommen seid!
(Die Kinder erzählen lassen, wer und was sie sind.)

▷ Katechese
Wir sehen es heute hier: Die Narren sind los! Zeit der Narren.
Karneval, Fastnacht, Fasching, es gibt einige verschiedene Namen für diese Zeit. Hier bei uns sagt man ...
So richtig hoch her geht es in der Zeit von Donnerstag, dem Tag, an dem die Narren Altweiber oder Weiberfastnacht feiern, über den Rosenmontag, den Fastnachts- oder Veilchendienstag, bis hin zum Aschermittwoch. Da ist dann alles vorbei. Am Aschermittwoch fängt eine besondere Zeit im Kirchenjahr an: die Fastenzeit! Die dauert dann bis Ostern.
Man erzählt sich, daß die Menschen vor vielen hundert Jahren angefangen haben, in den Tagen vor Aschermittwoch, vor dem Beginn der Fastenzeit, noch einmal richtig groß zu feiern und besonders ausgiebig und gut zu essen, weil sie von Aschermittwoch bis Ostern 40 Tage fasteten.
Irgendwann haben die Menschen dann angefangen, sich bei diesem Fest zu verkleiden, in andere Rollen zu schlüpfen. Vielleicht wollten diese lachenden und tanzenden Narren zeigen, daß wir Christen allen Grund zur Freude haben. Wir wissen, daß wir zu Gott gehören und

das ist doch wirklich ein Grund zur Freude! Im Karneval ist es doch besonders lustig, über sich und andere zu lachen. Da kann jeder mal für ein paar Stunden in eine andere Rolle schlüpfen, mal den furchtlosen Cowboy mimen, eine andere die liebliche Prinzessin. Die Freude, die wir dabei empfinden, ist entscheidend.

Deshalb ist es auch gut und richtig, daß wir diese Freude heute mit in die Kirche bringen, in unserer Verkleidung, mit unserer guten Laune! Der liebe Gott freut sich mit uns, wenn wir fröhlich sind und lachen.

Jesus hat auch gerne gelacht und gefeiert. In der Kinderbibel steht eine Geschichte von einem großen Fest, der Hochzeit in Kana. Von diesem Fest will ich euch jetzt erzählen:

Wenn das große Bibelbilderbuch verfügbar ist, bietet es sich an, beim Nacherzählen der Geschichte die Bilder zu zeigen. Jesus ist auf diesen Bildern immer lachend dargestellt.

Die Geschichte wird bewußt verkürzt erzählt, da nicht das Weinwunder, sondern Jesu Freude am Fest im Vordergrund stehen soll.

In dem Dorf Kana wird ein großes Hochzeitsfest gefeiert. Das Brautpaar hat viele Gäste eingeladen. Maria, die Mutter von Jesus, ist dabei. Da kommt Jesus mit ein paar Jüngern. Maria winkt ihm zu. Alle sind fröhlich. Sie essen und trinken.

Stellt euch vor, was dann passiert! Plötzlich ist kein Wein mehr da. Dabei hat das Fest doch gerade erst angefangen. Maria hat es gesehen und sagt zu Jesus: „Der Wein ist ausgegangen. Du mußt ihnen helfen!" Tatsächlich, alle Krüge sind leer.

Jesus sagt den Dienern, sie sollen die Krüge mit Wasser füllen und läßt dem Wirt einen Becher voll bringen. Es ist Wein in den Krügen! So kann das Fest weitergehen.

Alle sind fröhlich. Jesus freut sich mit. Die Jünger sehen: Wenn Jesus kommt, wird das Leben zum Fest. Gott lädt die Menschen zu sich ein. Alle Tränen sollen getrocknet werden. Gott hat die Menschen lieb.

(Nach: Die Hochzeit in Kana, aus: Hellmut Haug, Das große Bibelbilderbuch, Deutsche Bibelgesellschaft, Stuttgart 1994)

Das finde ich an dieser Geschichte ganz wichtig: Alle sind fröhlich. Jesus freut sich mit. Wenn Jesus kommt, wird das Leben zum Fest. Das ist doch etwas ganz Wunderbares: Wenn wir Jesus einen festen Platz in unserem Leben geben, indem wir an ihn denken, ihm sagen, wenn wir traurig sind und Sorgen haben, aber auch wenn wir uns freuen, wenn wir gemeinsam Gottesdienst feiern und er hier in unserer Mitte ist, dann wird unser Leben zum Fest. Er liebt uns und paßt auf uns auf, er hört uns zu, wenn wir ihm etwas sagen, wir ihn um etwas bitten. Er hilft uns, wenn wir nicht weiter wissen. Er möchte, daß wir froh sind.

So ähnlich, wie wir es eben in der Geschichte gehört haben: Maria bittet Jesus: „Der Wein ist ausgegangen. Du mußt den Leuten helfen!" Jesus hilft und das Fest kann fröhlich weiter gehen.

Es gibt ein wunderschönes Lied, daß einen Wunsch ausdrückt: „Das wünsch ich sehr, daß immer einer bei mir (dir) wär, der lacht und spricht: Fürchte dich nicht." Ich bin ganz sicher: diesen Wunsch wird uns Jesus gerne erfüllen! Wir wollen diesen Wunsch gemeinsam singen und auch in Bewegungen ausdrücken:

Das wünsch ich sehr,– *Hände offen nach vorne halten*
daß immer einer bei mir (dir) wär,– *alle im Kreis fassen sich an*
der lacht und spricht:– *alle schauen sich freundlich lachend an*
Fürchte dich nicht!– *alle gehen zur Mitte und heben die Hände*
Wir wollen nun gemeinsam beten und Gott Danke sagen!

▷ Dankgebet
Lieber Gott, du liebst alle Kinder und hast auch uns eingeladen, zu dir in dein Haus. Dafür danken wir dir.
Lieber Gott, du hast uns versprochen, daß du bei uns bist und uns nie vergißt, oder verläßt. Dafür danken wir dir.
Lieber Gott, du freust dich, wenn wir fröhlich sind und lachen. Du schenkst uns immer wieder Freude. Dafür danken wir dir.
Lieber Gott, du denkst an uns und schenkst uns so viel: Die Sonne und den Regen, unser tägliches Brot. Unsere Eltern, Geschwister und Freunde, die uns lieb haben und uns spüren lassen, wie sehr du uns magst. Dafür danken wir dir.
Lieber Gott, du liebst uns und gibst uns alles, was wir zum Leben brauchen. Du bist bei und Tag uns Nacht und gibst auf uns acht. Dafür danken wir dir.

▷ Vaterunser
Gemeinsam wollen wir das Gebet sprechen, das Jesus uns gesagt hat

▷ Segen/Kindersegen

▷ Abschluß
Bevor wir zur Karnevalsfeier gehen, wollen wir noch einmal unsere Freude richtig zum Ausdruck bringen. Das Schlußlied wollen wir gemeinsam tanzen! Dazu bilden wir einen großen Kreis.

Herr, wir freuen uns, der Tag ist schön!
Alle recken die Arme nach oben und springen einmal hoch.

Schön ist das Lachen, das Singen, das Sehn.
Alle klatschen in die Hände.

Schön ist das Spielen, das Springen, das Gehn.
Alle gehen im Kreis.

Herr, wir freuen uns, der Tag ist schön!
Alle recken die Arme nach oben und springen einmal hoch.

Herr, wir freuen uns, der Tag ist schön!
Alle klatschen in die Hände!

Diese Strophe und die Bewegungen können natürlich beliebig oft wiederholt werden.
Die Fröhlichkeit in diesem Gottesdienst war ansteckend. Der Vers aus dem Buch Nehemia „Die Freude an Gott ist unsere Stärke" wurde in diesem Gottesdienst für uns erfahrbar.

V. Karwoche

Aus dem Wunsch heraus, die Geschehnisse der Karwoche auch für kleinere Kinder erlebbar zu machen, sind die folgenden Gottesdienste entstanden. Der rote Faden, der sich von Palmsonntag, über Gründonnerstag, Karfreitag bis hin zu Ostern zieht, ist zum einen ein Weg, der in der Kirche gemeinsam mit den Kindern gestaltet wird und nach jedem Gottesdienst ein weiteres Symbol als Wegmarkierung erhält.

Zum anderen sind es weiße Tücher (ca. 80 x 80 cm), auf die nach jedem Gottesdienst ein Symbol für den jeweiligen Tag aufgedruckt wird. Palmsonntag wird ein Palmzweig aufgedruckt, Gründonnerstag helfende Hände, Karfreitag ein Kreuz und Ostern eine Osterkerze. Die entsprechenden Stempel lassen sich ganz leicht aus Moosgummi herstellen, als Druckfarbe eignet sich Stoffarbe.

Die Tücher bekommen für die Kinder eine besondere Bedeutung. Wir haben festgestellt, daß die Kinder auch ein Jahr später noch wußten, wofür ein bestimmtes Symbol stand. Nicht zuletzt sind sie auch ein Anreiz für die Kinder, alle vier Gottesdienste zu besuchen.

Die Idee, diese Tücher in den Gottesdiensten einzusetzen, ist bei der Betrachtung der Evangelientexte der Karwoche entstanden. In allen vier Schrifttexten spielen Tücher eine Rolle. Palmsonntag sind es die Kleider und Tücher, die vor Jesus auf der Straße ausgebreitet werden, Gründonnerstag ist es das Tuch, mit dem Jesus sich vor der Fußwaschung gürtet, Karfreitag ist es das Schweißtuch der Veronika und am Ostersonntag das gefaltete Leintuch im Grab Jesu.

Die folgenden Gottesdienste sind so aufgebaut, daß sie sowohl als Gottesdienstreihe gefeiert werden können, als auch einzeln einsetzbar sind. Die Tücher begleiten uns durch die Gottesdienste, ihr Einsatz ist aber nicht zwingend erforderlich.

Je nach Größe der Gottesdienstgemeinde ist zu überlegen, ob jedes Kind oder jede Familie ein solches Tuch erhält.

1. Jesus zieht in Jerusalem ein

Gottesdienst zu Palmsonntag

Vorbereitung

- Liedzettel
- Palmzweige *(Kindergarten oder Krabbelgruppen ansprechen, ob dort Palmbuschen gebastelt werden können.)*
- weiße Tücher (ca. 80 x 80 cm), pro Kind oder pro Familie eins
- Stoffarbe und Stempel, Motiv: Palmzweige
- Königskrone und Purpurmantel

Der Gottesdienst beginnt möglichst außerhalb der Kirche, sonst im Eingangsbereich. Im Altarraum wird mit Tüchern o. ä. ein Weg vorbereitet, der den Weg Jesu vom Einzug in Jerusalem bis hin zur Auferstehung symbolisieren soll. Dieser Weg sollte auch über die Kartage und Ostern liegen bleiben. Es ist sicherlich eine Überlegung wert, auch den Rest der Gemeinde an der Weggestaltung teilhaben zu lassen und sei es nur in Form einer schriftlichen Information im Pfarrbrief.

Ablauf

▷ Eröffnung

▷ Begrüßung

▷ Gemeinsames Kreuzzeichen

▷ Lied
– SL 151: Gottes Liebe ist so wunderbar (Negro Spiritual, Rechteinhaber unbekannt)

▷ Einführung
Palmzweige und Palmweihe: Warum an diesem Tag?

▷ Palmweihe
Segensgebet

▷ Schrifttext
Einzug in Jerusalem (Aus: Neukirchener Kinderbibel, Mk 11,1-11)

▷ Katechese 1
Überleitung zur Prozession

▷ Lied zur Prozession
– SL 106: Jesus zieht in Jerusalem ein (Text und Musik: Gottfried Neubert, aus: 111 Kinderlieder zur Bibel, Rechte: Christophorus Verlag, Freiburg/Verlag Ernst Kaufmann, Lahr)

▷ Einzug in die Kirche

▷ Katechese 2
Kurze Aufarbeitung des Schrifttextes, Weggestaltung

▷ Vaterunser

▷ Segen/Kindersegen

▷ Lied
– SL 249: Halte zu mir, guter Gott (Text: Rolf Krenzer, Musik: Ludger Edelkötter, aus: Halte zu mir heute, Musikrechte: Impulse Musik-Verlag, Drensteinfurt, Textrechte: Rolf Krenzer, Dillenburg)

Elemente für den Gottesdienst

▷ Einführung
Ihr habt es schon gemerkt! Heute beginnen wir unseren Gottesdienst vor der Kirche. Das hat einen besonderen Grund. Die Kirche feiert heute den Palmsonntag. Das ist der Tag, an dem wir Jesu Einzug in Jerusalem feiern. Wir wollen diesen Tag auch heute mit euch feiern und nachher singend in die Kirche einziehen.
Was damals an diesem Tag so alles in Jerusalem los war, hat der Evangelist Markus aufgeschrieben. Die Geschichte werden wir uns gleich anhören.
Die Menschen damals haben Jesus als König gefeiert, haben mit Palmzweigen gewinkt und ihre Kleider wie einen Teppich auf die Straße gelegt.
Ihr habt heute auch Palmzweige und schön geschmückte Palmbuschen mitgebracht. Diese Palmbuschen werden gleich gesegnet und ihr nehmt sie nach dem Gottesdienst wieder mit nach Hause. Dort könnt ihr die gesegneten Zweige am Kreuz befestigen oder neben der Eingangstür aufhängen. Das ist ein alter Brauch, mit dem wir um den Segen Jesu bitten.

▷ Palmweihe
Laßt uns jetzt Gott um seinen Segen für diese Zweige bitten:
Allmächtiger, ewiger Gott, segne + diese grünen Zweige, die Zeichen des Lebens und des Sieges, mit denen wir Christus, unserem König, huldigen. Mit Lobgesängen begleiten wir ihn in seine heilige

Stadt; gib, daß wir durch ihn zum himmlischen Jerusalem gelangen, der mit dir lebt und herrscht in alle Ewigkeit.

(Aus: Schott – Meßbuch, Lesejahr A, Verlag Herder, Freiburg, S. 135, © Ständige Kommission für die Herausgabe liturgischer Bücher, Trier)

▷ Schrifttext

Jetzt wollen wir hören, was uns der Evangelist Markus über den Einzug Jesu in Jerusalem berichtet.

Das Paschafest rückte näher. Von allen Seiten strömten die Menschen nach Jerusalem. Und jeden Tag kamen noch mehr Menschen hinzu, Hunderte, Tausende und noch viel mehr.

Da machte sich auch Jesus mit seinen Jüngern auf den Weg und zog nach Jerusalem.

Als sie schon in der Ferne die Stadt sehen konnten, blieb Jesus plötzlich stehen. Er rief zwei Jünger zu sich und befahl ihnen: „Geht in das Dorf, das vor uns liegt! Dort werdet ihr gleich am ersten Haus einen jungen Esel finden, der angebunden ist. Bindet ihn los und führt ihn her zu mir! Und wenn euch jemand fragt: „Warum macht ihr das?“, dann antwortet ihm: „Der Herr braucht ihn.“ Dann wird er euch den Esel geben.“

Die Jünger verstanden, was Jesus vorhatte. Auf einem Esel wollte er in Jerusalem einziehen. Als König und Retter wollte er kommen.

Schnell liefen sie zu dem Dorf und fanden alles so, wie Jesus gesagt hatte. Sie banden den Esel los, führten ihn zu Jesus und legten ihre Mäntel darauf. Da setzte sich Jesus auf den Esel und ritt los. Als aber die anderen Leute sahen, wie Jesus nach Jerusalem ritt, eilten sie herbei, jubelten und sangen: „Hosianna! Gelobt sei, der da kommt im Namen des Herrn.“ Von allen Seiten kamen sie an. Sie liefen Jesus voraus, zogen ihre Mäntel aus und breiteten sie auf dem Weg aus wie einen Königsteppich. Einige kletterten sogar auf die Bäume, rissen Zweige ab und schwenkten sie fröhlich, wie Fahnen.

Und immer mehr Menschen eilten herbei. Sogar von Jerusalem zogen sie Jesus entgegen. „Hosianna! Hosianna!“ erklang es von überall her. „Hosianna“, so hieß das Lied, das sie ihrem König sangen. Alle stimmten es an, Alte und Junge, Männer und Frauen und viele, viele Kinder. Singend zogen sie mit Jesus in die Stadt ein. Singend folgten sie ihm bis in den Vorhof des Tempels. Und als der Gesang endlich verstummt war, schrien die Kinder noch immer fröhlich weiter: „Hosianna! Hosianna!“

(„Hosianna!“, Mk 11,1-11, aus: Irmgard Weth, Neukirchener Kinder-Bibel, mit Bildern von Kees de Kort, Kalender-Verlag des Erziehungsvereins, Neukirchen-Vluyn [11]1998)

▷ Katechese 1

Jesus ist wie ein König in Jerusalem eingezogen, wir haben es gerade gehört. Was kennzeichnet denn einen König? Denkt einmal an die alten Märchen, die von Königen erzählen. Woran erkennt ihr dort den König? (...)

An der Krone und dem Königsmantel *(Krone und Mantel zeigen),* und weil der Mantel so tiefrot, purpurrot ist, nennt man diesen Mantel auch Purpurmantel. Zwei von euch tragen diese Königszeichen in die Kirche. *(Krone und Mantel an Kinder übergeben).* Dann haben wir noch gehört, daß die Menschen mit Palmzweigen gewinkt und die Mäntel auf dem Weg ausgebreitet haben. Die Palmzweige haltet ihr ja schon in den Händen, die Tücher bekommt ihr jetzt von uns. *(Tücher austeilen)*

Die Palmzweige und auch diese Tücher dürft ihr gleich kräftig schwenken, denn genauso jubelnd und singend, wie die Menschen damals in Jerusalem, wollen wir jetzt gemeinsam in die Kirche einziehen.

Dazu singen wir das Lied, das vom Einzug in Jerusalem erzählt.

Jesus zieht in Jerusalem ein. Hosianna!

1. Alle Leute fangen auf der Straße an zu schrein: Hosianna, Hosianna, Hosianna in der Höh.

2. Seht, er kommt geritten, auf dem Esel sitzt der Herr. Hosianna...

3. Kommt und legt ihm Zweige von den Bäumen auf den Weg. Hosianna...

4. Kommt und breitet Kleider auf der Straße vor ihm aus. Hosianna...

5. Alle Leute rufen laut und loben Gott, den Herrn. Hosianna...

6. Kommt und laßt uns bitten – statt das „Kreuzige" zu schrein:

7. Komm, Herr Jesu, komm, Herr Jesu, komm, Herr Jesu, auch zu uns.

Nach dem Einzug wird die Kerze angezündet.

▷ Katechese 2

Hosianna, haben die Menschen damals gerufen. Hosianna, haben wir gerade gesungen. Wörtlich übersetzt heißt Hosanna: „Hilf doch". Eigentlich komisch: Hilf doch, als Jubelruf, oder? Dieses Hosanna drückt die Hoffnung der Menschen aus: Endlich ist der Retter da! Unser König, auf den wir so lange gewartet haben. Er wird uns helfen, da sind sie sich ganz sicher!

An diesem Tag wurde Jesus gefeiert. Die Menschen haben ihm zugejubelt. Es war ein Festtag in Jerusalem. Wir wissen aber, daß es nicht so blieb!

Vor uns liegt die Karwoche, so wird die Woche vor Ostern genannt. Karwoche heißt soviel wie: „Woche des Kummers". In dieser Woche denken wir besonders an das Leiden und Sterben von Jesus.

Am Ende dieser Woche feiern wir Ostern! Jesus ist nicht im Tod geblieben.

Wir laden euch ein, den Weg Jesu vom Einzug in Jerusalem, den wir heute feiern, bis Ostern mitzugehen. Ihr seht, wir haben hier einen Weg aus Tüchern gelegt. An den Beginn dieses Weges wollen wir die Königskrone, den Purpurmantel, Palmzweige und eines der weißen Tücher legen. Diese Gegenstände sollen uns an den königlichen Einzug Jesu in Jerusalem erinnern. *(Krone, Mantel, Zweige und Tuch an den Weg legen)*

Auf diesem weißen Tuch, das wir an den Weg legen, ist ein Palmzweig als Erinnerung an den heutigen Tag aufgedruckt. Ihr könnt euch einen solchen Zweig nach dem Gottesdienst auf euer Tuch aufdrucken lassen. Nach jedem Gottesdienst in dieser Woche gibt es ein weiteres Symbol. Ostern habt Ihr dann ein Tuch, bedruckt mit vier Symbolen, das euch an den gemeinsamen Weg durch die Karwoche erinnert.

Warum haben wir solche Tücher als Begleitung für die Karwoche ausgewählt? Die Erklärung ist ganz einfach. Heute haben wir im Bibeltext gehört, daß die Menschen Tücher auf die Straße gelegt haben. Am Gründonnerstag, am Karfreitag und am Ostersonntag werden in den Texten auch immer wieder Tücher eine Rolle spielen. Achtet einmal darauf!

Bevor wir diesen Gottesdienst mit dem Segen und dem Schlußlied beenden, wollen wir gemeinsam das Vaterunser sprechen.

2. So sollt auch Ihr einander dienen!

Gottesdienst zu Gründonnerstag

Vorbereitung
- Liedzettel
- Wasserschüssel und Krug
- 12 Gästehandtücher
- Stoffarbe und Stempel, Motiv: helfende Hände, ein bedrucktes Tuch

Vor dem Gottesdienst werden 12 Personen (Eltern und Kinder) angesprochen, die sich während des Gottesdienstes die Füße waschen lassen. Die Fußwaschung wird in das Erzählen des Bibeltextes integriert.

Ablauf

▷ Eröffnung

▷ Begrüßung

▷ Anzünden der Kerze

▷ Gemeinsames Kreuzzeichen

▷ Lied
- SL 151: Gottes Liebe ist so wunderbar (Negro Spiritual, Rechteinhaber unbekannt)

▷ Einführung
Jesus hält mit seinen Freunden das Abschiedsmahl

▷ Schrifttext
Jesus wäscht seinen Jüngern die Füße (Aus: Neukirchener Kinderbibel, Mk 14,12 ff)

▷ Fußwaschung

▷ Katechese
So sollt auch ihr Diener sein und einander dienen

▷ Lied
- SL 158: Hände, die schenken (Text: C.-P. März, Musik: K. Grahl, Rechte: bei den Autoren)

▷ Weggestaltung

▷ Lied
– SL 235: Danket, danket dem Herrn (Text: Ps 106/18. Jh., Musik: überliefert, Rechteinhaber unbekannt)

▷ Vaterunser

▷ Lied
– SL 91: Komm, Herr, segne uns (Text und Musik: Dieter Trautwein, Rechte: Burkhardthaus-Laetare Verlag, Offenbach)

Elemente für den Gottesdienst

▷ Einführung
Heute, am Gründonnerstag, haben wir uns wieder hier in der Kirche versammelt, weil wir unseren Weg mit Jesus weitergehen wollen. Am Palmsonntag haben wir seinen königlichen Einzug in Jerusalem gefeiert. Hier liegen die Palmzweige, das Tuch, die Krone und der Mantel. Vom heutigen Tag erzählt uns die Bibel, daß Jesus mit seinen Freunden das letzte Mal gemeinsam gegessen hat. Sie haben das Abschiedsmahl gehalten. Wieviel Jünger hatte Jesus denn eingeladen zu diesem Abschiedsmahl? Zwölf waren es. Ich darf jetzt die zwölf Eltern und Kinder bitten, hier auf den Stühlen Platz zu nehmen. Ihr seid jetzt hier stellvertretend für die Jünger. Aber laßt uns gemeinsam hören, was in der Bibel dazu geschrieben steht.

▷ Schrifttext
Der Tag war gekommen, an dem in den Häusern das Paschafest gefeiert wurde. Auch Jesus wollte mit seinen Jüngern das Paschamahl halten. Er rief zwei Jünger zu sich und bat sie: „Geht in die Stadt und bereitet das Mahl für uns vor!" Da gingen die beiden, bereiteten das Paschalamm zu und deckten den Tisch. Aber an die Tür stellten sie einen Krug mit Wasser und dazu eine Schüssel zum Waschen der staubigen Füße.
(Schüssel und Krug in die Mitte stellen) Gegen Abend kam Jesus mit den anderen Jüngern zum Saal. Als aber die Jünger die Schüssel und den Wasserkrug sahen, wunderten sie sich: Wo war der Diener, der ihnen die Füße wusch? Es gab hier keinen Diener. Sollten sie etwa selber diese Schmutzarbeit tun? „Unmöglich!" sagten sie sich, „Wir sind doch keine Diener!" So setzten sie sich einfach mit staubigen Füßen zu Tisch. Da stand Jesus vom Tisch auf. Er sagte kein Wort. Er band sich ein Tuch um, *(Tuch zur Hand nehmen)* goß Wasser in die

Schüssel, trug sie zu den Jüngern, beugte sich zu ihnen herab und fing an, ihnen die Füße zu waschen.
(Hier wird der Text unterbrochen und der Katechet/die Katechetin wäscht den zwölf „Jüngern" die Füße)
Danach stand Jesus auf, trug die Schüssel zurück und setzte sich an den Tisch zu den Jüngern. „Seht!" sagte er. „Ich bin euer Herr. Und doch habe ich getan, was sonst nur ein Diener tut. So sollt auch ihr Diener sein und einander dienen."
Da schwiegen die Jünger beschämt. Sie spürten alle: Dies hatte Jesus für sie getan. Und sie begannen zu ahnen: Bald würde er noch viel mehr für sie alle tun.
(Jesus wäscht seinen Jüngern die Füße, gekürzt, aus: Irmgard Weth, Neukirchener Kinder-Bibel, mit Bildern von Kees de Kort, Kalender-Verlag des Erziehungsvereins, Neukirchen-Vluyn [11]1998)

▷ Katechese

„Seht! Ich bin euer Herr. Und doch habe ich getan, was sonst nur ein Diener tut. So sollt auch ihr Diener sein und einander dienen."
Das ist ein ganz wichtiger Satz, den Jesus da gesagt hat. Ein Satz, der auch heute für uns eine große Bedeutung hat. Einander dienen. Was mag das wohl heißen? Das Wort „dienen" kommt in unserer Sprache heute nicht mehr so häufig vor. Aber es gibt ein Wort, das kommt von dienen: Dienst. Ärzte, Krankenschwestern, Polizisten, Sanitäter, Feuerwehrleute sagen, wenn sie zur Arbeit gehen, sie gehen zum Dienst. Und wenn wir überlegen, was die so tun, dann wissen wir auch ganz schnell, was damit gemeint ist, wenn Jesus sagt, wir sollen einander dienen. Diese Menschen, die ich eben genannt habe, helfen anderen Menschen. Sie sorgen sich um Menschen, die Hilfe brauchen. Genau das möchte Jesus auch von uns. Wir sollen anderen helfen, uns um sie sorgen, nicht nur, weil es unser Job ist, sondern immer. Auch, wenn wir uns dafür „klein" machen müssen.
Jesus hat es uns vorgemacht. Er selbst, Gottes Sohn, macht sich klein und wäscht seinen Jüngern die Füße. Die waren sich zu fein dazu, wir haben es eben gehört! Er, der vor wenigen Tagen in Jerusalem als König gefeiert wurde, tut die Arbeit eines Dieners.
So sollt auch ihr Diener sein und einander dienen, einander helfen, einander nützlich sein. Wir müssen jetzt sicher nicht losziehen und allen Leuten die Füße waschen, aber wir können andere Dinge tun.
Wer hat eine Idee, wie wir einander dienen können? (...)
Mir fallen auch noch ein paar Beispiele ein. Zum Beispiel könnt ihr mit euren Eltern oder älteren Geschwistern doch mal die ältere Dame besuchen, die immer so alleine ist. Die freut sich bestimmt, wenn ihr mit ihr „Mensch ärgere dich nicht" oder „schwarzer Peter" spielt.

Oder ihr helft Oma und Opa im Garten oder besorgt schnell die Zeitung, damit sie nicht extra los müssen. Mama freut sich bestimmt, wenn ihr das Kinderzimmer mal ohne besondere Aufforderung aufräumt oder am Sonntag der Frühstückstisch schon gedeckt ist und Mama und Papa noch etwas schlafen können.

Jetzt haben wir ganz viel vom Dienen gesprochen. Ihr habt gemerkt, daß das eine ganz wichtige Sache ist. Daher ist das Symbol, das ihr heute auf eure Tücher gedruckt bekommt, ein Zeichen für das Dienen: Die helfenden Hände. *(bedrucktes Tuch zeigen)*
Es gibt ein Lied, das von solch helfenden Händen erzählt. Das wollen wir jetzt gemeinsam singen:

Hände, die schenken, erzählen von Gott.
Sie sagen, daß er mich erhält.
Hände, die schenken, erschaffen mich neu,
sie sind das Licht dieser Welt.

▷ Weggestaltung
Jetzt wollen wir uns noch einmal unseren Weg hier anschauen. Nach Palmsonntag mit den Palmzweigen, dem Tuch, der Krone und dem Mantel als Zeichen für den königlichen Einzug Jesu in Jerusalem wollen wir nun die zweite Station auf unserem Weg durch die Karwoche gestalten.
Wir haben gehört: Jesus hat seinen Jüngern die Füße gewaschen. Also stellen wir als Symbol dafür die Schüssel und den Wasserkrug an den Weg. *(Krug und Schüssel hinstellen)*
Dann habe ich hier unser weißes Tuch. In der Geschichte, die wir heute gehört haben, war auch die Rede von einem Tuch. Weiß es noch jemand? (...) Da heißt es, Jesus band sich ein Tuch um. Er tat die Arbeit eines Dieners! Deshalb legen wir das Tuch dazu. Die helfenden Hände, die dort aufgedruckt sind, erinnern uns an das, was Jesus uns gesagt hat: „So sollt auch ihr Diener sein und einander dienen!"
Wenn einer dem anderen hilft, dann sagt man „Danke". Wir wollen Jesus Dank sagen, für das, was er für uns getan hat und auch heute noch tut. Jesus hat damals mit den Jüngern ein Danklied gesungen. Dieses Lied ist bis heute überliefert und wir wollen es jetzt singen:

Danket, danket dem Herrn, denn er ist so freundlich.
Seine Güt' und Wahrheit, währet ewiglich.

3. Ach Jesus, liebster Jesus mein

Ein Kreuzweg für Kinder zu Karfreitag

Vorbereitung

- Liedzettel
- Dornenkrone
- großes Kreuz für die letzte Station
- kleines Kreuz für die Weggestaltung
- Stoffarbe und Stempel, Motiv: Kreuz
- bedrucktes Tuch

Wenn in der Kirche ein Kreuzweg vorhanden ist, werden mit den Kindern die Stationen des Kreuzweges gegangen. Ansonsten muß man auf Dias oder Bilder zurückgreifen.

Ablauf

▷ Eröffnung

▷ Begrüßung

▷ Anzünden der Kerze

▷ Gemeinsames Kreuzzeichen

▷ Lied
– SL 138: Bleibet hier und wachet mit mir (Text: Gesang aus Taizé, Musik: J. Berthier, Deutsche Rechte: Christophorus Verlag, Freiburg i. Br.)

▷ Einführung
Wir wollen den Kreuzweg Jesu ein paar Stationen mitgehen

▷ Katechese
Die Stationen:
- Jesus wird zum Tode verurteilt
- Jesus nimmt das schwere Kreuz auf sich
- Jesus begegnet seiner Mutter
- Simon von Cyrene hilft das schwere Kreuz tragen
- Veronika reicht Jesus das Schweißtuch
- Jesus stirbt am Kreuz

▷ Lied

Ach Jesus, liebster Jesus mein (RPR 1986/1, Mit Jesus den Kreuzweg gehen, S. 36)

Dieses Lied wird auf dem Weg zwischen den Stationen gesungen

▷ Weggestaltung

▷ Vaterunser

Elemente für den Gottesdienst

▷ Einführung

Auch heute, am Karfreitag, haben wir uns hier in der Kirche versammelt. Heute denkt die Kirche an den Tag, an dem Jesus gekreuzigt wurde.

Am Palmsonntag haben wir von Jesu Einzug in Jerusalem gehört. Die Menschen haben „Hosianna" gerufen und ihn als ihren König und Retter gefeiert. Gestern, am Gründonnerstag, haben wir gehört, daß Jesus mit seinen Freunden das Abendmahl gehalten hat.

Heute nun wollen wir Jesus auf seinem Kreuzweg ein Stück begleiten. Dazu werden wir uns auch hier in der Kirche auf den Weg machen und uns die jeweiligen Stationen des Kreuzweges, so heißen diese Bilder, anschauen.

▷ Katechese

Jesus wird zum Tode verurteilt

Schauen wir uns diese erste Station einmal genauer an. Was könnt ihr da entdecken? *(Hier auf die örtlichen Besonderheiten des jeweiligen Kreuzweges eingehen)*

In der Bibel steht die Geschichte zu diesem Bild. Die wollen wir uns jetzt anhören.

In der Nacht nach dem Abschiedsessen wird Jesus verraten. Soldaten kommen und nehmen Jesus gefangen. Sie führen ihn weg. Sie schleppen ihn zum römischen Statthalter. Der Statthalter heißt Pilatus. Nur Pilatus darf jemanden zum Tod verurteilen. Die Soldaten ziehen Jesus einen Königsmantel an. Sie setzen ihm eine Krone aus Dornen auf. Sie machen sich über ihn lustig. Pilatus sagt zum Volk: „Da seht ihr euren König!" Aber alle rufen: „Ans Kreuz, ans Kreuz mit ihm!" Pilatus sagt: „Gut, er soll gekreuzigt werden."

(Aus: Hellmut Haug, Das große Bibelbilderbuch, Deutsche Bibelgesellschaft, Stuttgart 1994, S. 301)

Gebet

Jesus, bei deinem Einzug in Jerusalem wurdest du als König gefeiert. Nun setzt man dir die Dornenkrone auf und verspottet dich. Du aber schweigst und erträgst den Spott.
- Wir bitten dich für alle Kinder, die ausgelacht und verspottet werden.

Herr, erbarme dich.
- Wir bitten dich für alle Kinder, die an den Rand gedrängt werden, weil niemand sie mag.

Herr, erbarme dich.

Lied

(Auf dem Weg zur nächsten Station wird das folgende Lied gesungen)
Ach Jesus, liebster Jesus mein, du leidest Not, du leidest Pein.
Das Kreuz ist groß, das Kreuz ist schwer. Du nimmst es auf, wir danken dir.

Jesus nimmt das schwere Kreuz auf sich

Auch hier, an unserer zweiten Station, wollen wir uns zunächst einmal das Bild genau anschauen. (...) In der Bibel steht zu diesem Bild:
Vor den Mauern der Stadt lag der Hügel Golgata. Dort sollte Jesus gekreuzigt werden. Die Soldaten schleppten ein Kreuz aus Holz herbei, legten es Jesus auf den Rücken und führten ihn hinaus vor die Stadt. Viele Menschen folgten dem Zug.

(Jesus wird gekreuzigt, aus: Irmgard Weth, Neukirchener Kinder-Bibel, mit Bildern von Kees de Kort, Kalender-Verlag des Erziehungsvereins, Neukirchen-Vluyn [11]1998, S. 241)

Gebet

Jesus, sie haben dir das schwere Kreuz aufgeladen. Als du in diese Stadt einzogst, haben sie dich als König und Retter gefeiert. Mit dem Kreuz auf deinen Schultern wirst du nun hinaus geführt. Die gleichen Menschen, die Hosianna gerufen haben, fordern jetzt deine Kreuzigung.
- Wir bitten dich für alle Menschen, die schwer an Sorgen oder Krankheit zu tragen haben.

Herr, erbarme dich.
- Wir bitten dich für uns: Gib uns den Mut, schweren Problemen nicht aus dem Weg zu gehen, sondern mit deiner Hilfe nach einer Lösung zu suchen.

Herr, erbarme dich.

Lied
Ach Jesus, liebster Jesus mein . . .

Jesus begegnet seiner Mutter
Viele Menschen säumen den Weg Jesu. Viele verlachen und ver-
spotten ihn, aber nicht alle. Da sind Menschen, denen tut es weh,
Jesus so zu sehen. Jesus begegnet auch diesen Menschen auf seinem
Weg. Eine solche Begegnung ist an dieser Station dargestellt.
Was könnt ihr hier entdecken? (. . .)
Ich möchte euch erzählen, wen Jesus da trifft:

Jesus ist allein auf seinem Weg. Seine Freunde sind nicht zu sehen,
die meisten Menschen am Straßenrand beschimpfen ihn.
Plötzlich sieht Jesus seine Mutter. Sie steht inmitten der Menschen
und schaut ihn traurig an. Wie gerne würde Maria Jesus helfen! Sie
läuft auf Jesus zu und nimmt ihn liebevoll in den Arm. Jetzt weiß
Jesus: Ich bin nicht allein, meine Mutter geht mit mir, sie denkt an
mich! Jesus muß weitergehen. Maria schaut ihm weinend nach.

Gebet
Heilige Maria, Mutter Gottes, du bist mit Jesus unterwegs auf seinem
schweren Weg.
– Wir bitten dich für alle Eltern, die in großer Sorge um ihre Kinder
  leben.
Heilige Maria, Mutter Gottes, bitte für uns.
– Gib uns Eltern die Kraft, den Lebensweg unserer Kinder in Liebe
  zu begleiten, auch wenn er vielleicht nicht so verläuft, wie wir es
  uns wünschen.
Heilige Maria, Mutter Gottes, bitte für uns.
– Gib uns Kindern den Mut, dem Lebensweg Jesu zu folgen, auch
  wenn wir dafür von anderen belächelt werden.
Heilige Maria, Mutter Gottes, bitte für uns.

Lied
Ach Jesus, liebster Jesus mein . . .

Simon von Cyrene hilft Jesus das Kreuz tragen
Auch diese Station erzählt von einer Begegnung. Schaut mal hin, was
dieses Bild erzählen will. (. . .)

Das Kreuz, das Jesus tragen mußte, war sehr schwer! Jesus brach
fast zusammen. Da winkten die Soldaten einem Mann, der gerade

vom Feld kam, Simon von Cyrene. Ihn zwangen sie, das Kreuz zu tragen.
(Jesus wird gekreuzigt, aus: Neukirchener Kinderbibel, S. 241)

Gebet
Simon, du hast Jesus geholfen, das schwere Kreuz zu tragen. Du wußtest nicht, wer dieser Mann war, dem du helfen solltest. Die Soldaten mußten dich zwingen. Dann aber hast du deine ganze Kraft für Jesus eingesetzt.
- Hilf uns, daß auch wir unsere Kraft für andere einsetzen und helfen, da wo es nötig ist.
Heiliger Simon, bitte für uns.
- Es gibt Situationen, da wollen wir dem anderen gar nicht gerne helfen. Hilf uns, es trotzdem zu tun.
Heiliger Simon, bitte für uns.

Lied
Ach Jesus, liebster Jesus mein . . .

Veronika reicht Jesus das Schweißtuch
In dem Text zu dieser Station wird uns unser Tuch begegnen. *(Tuch zeigen)* Vielleicht könnt ihr auf diesem Bild schon etwas davon erkennen. (. . .)

Veronika heißt die Frau, die großes Mitleid mit Jesus hat. Sie kann nicht nur einfach so zuschauen. Sie will Jesus helfen. Die Leute spotten und lachen, als sie sich durch die Menge nach vorne drängt, um Jesus ein Tuch zu reichen. Veronika kümmert sich nicht um die Leute und versucht mutig, Jesus zu helfen. Jesus nimmt dankbar das Tuch entgegen und wischt sich das Blut und den Schweiß vom Gesicht.

Gebet
Veronika, du warst sehr mutig, dich bis nach vorn zu Jesus zu drängen, um ihm zu helfen. Du hast ihm dein Tuch hingehalten, damit er sich den Schweiß abwischen konnte.
- Bitte für uns, daß auch wir mutig und tapfer sind, wenn es darum geht, anderen zu helfen.
Heilige Veronika, bitte für uns.
- Öffne uns unsere Augen, unsere Herzen und unsere Hände für die Not anderer Menschen.
Heilige Veronika, bitte für uns.

Lied
Ach Jesus, liebster Jesus mein . . .

Jesus stirbt am Kreuz
Im Altarraum ist ein Kruzifix aufgestellt, unter dem die brennende Kerze steht.

Wir haben die letzte Station des Kreuzweges erreicht. Laßt uns hören, was dazu in der Bibel steht:
Als sie nun endlich den Hügel Golgata erreicht hatten, legten die Soldaten Jesus auf das Kreuz, nagelten ihn an das Holz, an Händen und Füßen, und richteten das Kreuz auf. Um die Mittagszeit wurde es plötzlich ganz dunkel. Die Sonne verschwand. Und Nacht brach herein, mitten am Tag. Da schrie Jesus laut: „Mein Gott! Mein Gott! Warum hast du mich verlassen?" Dann starb er.
(Jesus wird gekreuzigt, aus: Neukirchener Kinderbibel, S. 241 ff, gekürzt)

Die Kerze wird ausgeblasen. Moment der Stille.

Gebet
Jesus, wir stehen vor deinem Kreuz. Du bist für uns gestorben. Deine Hände, mit denen du Kranke geheilt und Kinder gesegnet hast, wurden ans Kreuz genagelt. Auch deine Füße, mit denen du die Wege zu den Menschen gegangen bist, sind mit Nägeln durchbohrt. Deine Augen sind geschlossen.
Du hast uns Menschen so sehr geliebt, daß du für uns gestorben bist. Wir danken dir für deine große Liebe.
Kurze Stille

▷ Weggestaltung
Die Dornenkrone, mit der die Soldaten Jesus gekrönt haben, und unser Tuch, als Zeichen für das Schweißtuch der Veronika, legen wir an unseren Weg. Dieses Kreuz *(kleines Kreuz)* stellen wir als Zeichen für den Kreuzestod Jesu dazu.

▷ Vaterunser
Bevor wir nun still unseren Gottesdienst beenden, sprechen wir gemeinsam das Gebet, das Jesus uns gelehrt hat.

VI. Ostern

1. Christus ist auferstanden!

Vorbereitung

- Liedzettel
- je vier Tücher in braun, gelb und grün
- Blumen, blühende Zweige, Ostergras, Holztiere (z. B. Ostheimer Bauernhoftiere)
- einen dicken Stein
- Sonnenstrahlen aus Moosgummi
- Stoffarbe und Stempel, Motiv: Osterkerze
- eine Osterkerze zur Weggestaltung

Vor dem Gottesdienst wird bereits eine Fläche aus grünen Tüchern ausgelegt, einen Garten symbolisierend. Am Rand des Gartens wird aus braunen Tüchern eine Höhle gestaltet, die mit einem dicken Stein davor das Grab Jesu versinnbildlichen soll. Im Laufe des Gottesdienstes wird gemeinsam mit den Kindern der noch leere Garten begrünt, so daß wir die Auferstehung Jesu in einem blühenden Garten feiern.

Ablauf

▷ Eröffnung

▷ Begrüßung

▷ Anzünden der Kerze

▷ Gemeinsames Kreuzzeichen

▷ Lied
- SL 29: Die Sonne hoch am Himmelszelt (Text: H. Bergmann, Musik: H. Wortmann, aus: SU 330 „Pfälzer Kindermesse", Rechte: Lahn-Verlag, Limburg)

▷ Einführung
Neues Leben erwacht
Gestaltung einer Frühlingswiese
(Idee nach RPR 1995/1 Jesus überwindet den Tod, Landshut)

▷ Schrifttext
Jesus erscheint den Frauen (aus: Neukirchener Kinderbibel, nach Matthäus)

▷ Lied
– SL 21: Taize – Halleluja (Musik: Taize)

▷ Katechese
Jesus lebt!
Der Stein wird weggerollt.

▷ Dankgebet

▷ Vaterunser

▷ Weggestaltung

▷ Segen/Kindersegen

▷ Lied
– SL 139: Kinder, singt dem Herrn ein Lied (Text: Franz Kett, Musik: Volksgut, Rechte: RPA Verlag, Landshut)

(Der Gottesdienst basiert auf einer Legearbeit nach dem Kett- Modell, RPA Verlag, Landshut.)

Elemente für den Gottesdienst

▷ Einführung
Nachdem wir gemeinsam den Weg durch die Karwoche gegangen sind, feiern wir heute Ostern, das Fest der Auferstehung Jesu. Jesus ist nicht im Tod geblieben, er ist wieder auferstanden.
Wir feiern das Osterfest im Frühjahr, wenn auch die Natur zu neuem Leben erwacht. Denkt mal an die Blumen und Bäume draußen. Was können wir in diesen Tagen sehen? (...) Die Sonne scheint hell und warm. Die Blumen fangen an zu blühen: Tulpen, Osterglocken, Primeln und all die anderen Frühjahrsblümchen. Die Bäume schlagen aus, die Knospen brechen auf und bringen Blüten hervor. Nach dem langen Winter zieht sich die Erde wieder ein buntes Kleid an. Auch die Tiere sind wieder draußen. Die Schafherden ziehen wieder umher, die Lämmchen springen fröhlich über die Wiesen, die Hasen hoppeln über das Feld und die Vögel zwitschern laut und fröhlich. Die Natur erwacht aus ihrem Winterschlaf.
Wir haben hier einen Garten vor uns, der noch winterlich kahl ist. Ich möchte euch jetzt einladen, dem Garten ein buntes Kleid anzuziehen.
Wir haben hier Blumen, blühende Zweige, Ostergras und Holztiere, die ihr in den Garten stellen könnt. Die gelben Tücher hier legen wir als Zeichen für die Sonne um den Garten herum. *(Mit den Kindern den Garten gestalten)*

Aus unserem kahlen Garten ist eine schöne blühende Landschaft geworden mit Blumen und Tieren.
Wenn wir jetzt noch einmal an Karfreitag zurückdenken, so erinnern wir uns, daß an diesem Tag die Kirche ganz kahl war. Jesus war tot, seine Freunde verzweifelt und traurig. Aber wir wissen, daß das nicht das Ende war! Die Geschichte ging noch weiter! Wie, das wollen wir jetzt hören.

▷ Schrifttext
Ein neuer Tag brach an. Noch war es still und dunkel in Jerusalem. Doch zwei Frauen waren schon unterwegs: Maria und Maria Magdalena. Sie gingen zum Grab Jesu. (Sie waren traurig und verzweifelt. Jesus war tot. Wie sollten sie ohne ihn weiterleben? Als die Frauen den Garten erreichten, und das Grab Jesu sahen,) trauten sie ihren Augen nicht: Der Stein war weggewälzt! Schnell liefen sie zum Grab und schauten hinein. Aber – was war das? Das Grab war leer! Nein, nicht leer! Ein Mann saß am Eingang der Höhle. Ein Engel, ein Bote Gottes in leuchtendem Kleid! Erschrocken schlugen die Frauen ihre Hände vor das Gesicht. Aber der Engel sprach: „Fürchtet euch nicht! Ich weiß, wen ihr sucht: Jesus, den gekreuzigten Jesus! Aber er ist nicht hier. Er ist auferstanden, wie er gesagt hat. Kommt her und seht, wo er gelegen hat!"
Die Frauen wußten nicht, was sie sagen sollten. (Zitternd sahen sie in das offene Grab.) Und wirklich: Es war, wie der Engel gesagt hatte. Das Grab war leer! (Nur das Tuch, in das Jesus eingewickelt war, lag gefaltet im Grab.)
Da eilten die Frauen aus dem Grab und aus dem Garten. Ihr Herz klopfte, sie bebten am ganzen Leib. Sie wußten nicht: Sollten sie lachen oder weinen vor Freude?
(Jesus erscheint den Frauen, aus: Irmgard Weth, Neukirchener Kinder-Bibel, mit Bildern von Kees de Kort, Kalender-Verlag des Erziehungsvereins, Neukirchen-Vluyn [11]1998), S. 246, der in Klammern gesetzte Text wurde von der Autorin ergänzt)
Halleluja, Christus ist auferstanden!

In diesen Jubelruf wollen auch wir einstimmen: *Halleluja* (SL 21: Text und Musik: Herkunft unbekannt)

▷ Katechese
Christus ist auferstanden! Das ist die Osterbotschaft. Wir freuen uns und dürfen jubeln, wie die Frauen im Garten.
Zunächst war den Frauen aber gar nicht zum Jubeln zumute, wie wir eben gehört haben. Sie hatten keine Augen für die schönen Blumen und Bäume in diesem Garten. Sie waren traurig und verzweifelt, weil

Jesus gestorben war! Sie wollten zum Grab gehen, dort um ihn weinen, trauern. Jesus hatte ihr Leben hell und warm gemacht, er war ihr Freund. Und nun war er tot. Ans Kreuz hatten ihn die Soldaten geschlagen. Die beiden Frauen waren so traurig und verzweifelt, daß sie nicht wußten, wie sie ohne Jesus weiterleben sollten.

Aber dann passierte etwas Sonderbares: Als sie zum Grab kamen, war der Stein weggerollt. Das Grab Jesu war offen! *(Den Stein vor dem Grab wegrollen)* So, wie unser Grab hier jetzt offen ist. Helles Licht kam aus dem Grab und ein Mann in einem leuchtenden Kleid saß am Eingang. *(Moosgummistrahlen werden wie Sonnenstrahlen vom Eingang des Grabes aus in die Osterwiese gelegt)*

Ihr könnt euch bestimmt denken, wie sehr die Frauen sich erschrocken haben. Und dann sagt der Engel auch noch, daß Jesus auferstanden sei. Der Jesus, der gestern hier zu Grabe gelegt worden war, ist gar nicht mehr tot, er lebt! Das konnten die Frauen gar nicht glauben. Eigentlich ist es ja auch unvorstellbar. Die Frauen mußten auch erst mal nachschauen, ob das alles so stimmte, was der Engel ihnen erzählte. Aber, es war so, wie er gesagt hatte: Das Grab war leer. Nur das Leintuch Jesu lag noch im Grab. *(Bedrucktes Tuch zeigen)* Seht ihr, unser Tuch, das uns durch die Karwoche begleitet hat, ist heute auch wieder von Bedeutung. Heute wird als viertes Symbol die Osterkerze auf das Tuch aufgedruckt. Jesus Christus, das Licht der Welt!

Auch in den Frauen strahlt das Osterlicht auf. Die Verzweiflung und die Trauer weicht der Freude: Christus ist auferstanden!

Diese Freude drückt sich auch in unserem Garten hier aus. Die blühenden Blumen, die Zweige, das Ostergras, die Tiere und die Sonne bieten einen fröhlichen Anblick. Aber das Schönste ist: Der schwere Stein vor dem Grab ist weggerollt, das Grab ist leer! Aus diesem offenen Grab heraus fällt Licht in unsere Welt. Jesus, der für uns gestorben ist, ist nicht im Tod geblieben, er ist wieder auferstanden. Halleluja!

▷ Dankgebet

Lieber Gott, wir sagen dir „Danke", weil wir glauben, daß Jesus lebt. Wir freuen uns darüber und singen „Halleluja".

Wir sagen dir „Danke" dafür, daß draußen in der Natur alles wieder lebendig und grün wird und die Blumen wieder blühen.

Wir sagen dir „Danke" dafür, daß wir uns über viele Sachen freuen können und lachen.

Wir sagen dir „Danke" dafür, daß wir Menschen haben, die bei uns sind: Eltern, Großeltern und Freunde, die uns gern haben.

Wir sagen dir „Danke" dafür, daß Jesus bei uns ist, daß er uns begleitet auf unserem Weg durchs Leben. Er läßt uns nicht allein.

▷ Weggestaltung

Heute am Osterfest, wollen wir die letzte Station unseres Weges hier gestalten. Nach dem Einzug in Jerusalem, dem letzten Abendmahl und dem Kreuzestod Jesu, feiern wir heute Ostern und können dies auch an unserem Weg deutlich machen. Wir stellen eine Osterkerze an den Weg als Zeichen des Lichtes und der Auferstehung. Wir können auch noch Blumen und blühende Zweige aus unserem Garten dazu legen. Unser Tuch darf nicht fehlen, als Zeichen für das Leintuch Jesu, das die Frauen im Grab gefunden haben.

Ihr bekommt heute den letzten Stempel auf euer Tuch, die Osterkerze. Diese Tücher könnt ihr zu Hause als Erinnerung an diese Woche z. B. unter die Osterkerze legen. Wir sind diesen Weg Jesu mitgegangen und dürfen jetzt fröhlich und dankbar Ostern feiern.

2. Ostern und die Bedeutung des weißen Kleides

In der Ankündigung zum Gottesdienst werden die Familien gebeten, ihre Taufkleider mit zum Gottesdienst zu bringen.

Vorbereitung
– Liedzettel
– Taufkleid der Gemeinde
– kleine Osterkerzen, für jedes Kind eine

Ablauf

▷ Eröffnung

▷ Begrüßung

▷ Anzünden der Kerze

▷ Gemeinsames Kreuzzeichen

▷ Lied
– SL 224: Wir fangen an, fröhlich zu sein (Text: Rolf Krenzer, Musik: Detlef und Lele Jöcker, aus: Und sie fingen an, fröhlich zu sein, Rechte: Menschenkinder Verlag, Münster)

▷ Einführung
Anschauen der mitgebrachten Taufkleider

▷ Katechese
Ostern – Taufe – Bedeutung des weißen Kleides, wir gehören Christus an, er hat uns beim Namen gerufen.

▷ Lied
– SL 182: Christus, deinen Namen tragen wir (Text: Rolf Krenzer, Musik: Siegfried Fietz, aus: „Die Erde ist ein großer Tisch" Nr. 079, © ABAKUS Musik Barbara Fietz, 35753 Greifenstein)

▷ Tauferinnerung und Fürbitten
Tauferinnerung, die Kinder bekommen als Erinnerung an ihre Taufkerze eine kleine Osterkerze, die sie an der großen entzünden dürfen. Zwischen den einzelnen Fürbitten: Liedruf: Das wünsch' ich sehr (SL 218)

▷ Vaterunser
– SL 79: Du, unser Vater (Text: R. Schönfelder, Musik: V. Wikkendick, aus SU 460/461 „Worte ins Leben. Neue Lieder zum Gottesdienst", Rechte: Lahn-Verlag, Limburg)

▷ Segen/Kindersegen

▷ Lied
– SL 85 Bewahre uns Gott (Text: Eugen Ecken, Musik: Anders Ruuth, Rechteinhaber unbekannt)

Elemente für den Gottesdienst

▷ Einführung
Schön, daß ihr heute wieder zu unserem Krabbel- und Kindergottesdienst in die Kirche gekommen seid. Einige von euch haben Taufkleider mitgebracht. Die wollen wir uns mal gemeinsam anschauen. Ist da vielleicht ein Familientaufkleid dabei, in dem schon Mama oder Papa getauft wurden?

(Hier auf die Besonderheiten der mitgebrachten Taufkleider eingehen: Familientaufkleid/evtl. sind Namen und Taufdaten eingestickt ...)

▷ Katechese
Wir feiern Ostern, das Fest der Auferstehung Jesu. Jesus ist nicht im Tod geblieben. Er hat uns mit seiner Auferstehung neues Leben geschenkt. Dieses neue Leben empfangen wir Menschen in der Taufe. Wir treten durch die Taufe in Gemeinschaft mit Jesus und mit allen, die zu Jesus gehören. Wir werden zu Christen und gehören zur Kirche. In der Osternacht, daß ist die festliche Meßfeier, in der wir nach den Tagen der Karwoche die Auferstehung Jesu feiern, werden die neue Osterkerze und das Taufwasser gesegnet. Die Osterkerze erinnert an Christus, das Licht der Welt. Das Taufwasser reinigt alle, die damit getauft und gesegnet werden, von allem, was uns von Gott trennt.
Übrigens, das Weihwasser, das ihr in den kleinen Becken an den Ausgängen der Kirche findet, soll euch an eure Taufe erinnern. Deshalb ist jeder, der die Kirche betritt, oder verläßt, eingeladen, ein Kreuz mit Weihwasser auf die Stirn zu zeichnen.
Damals in der jungen Kirche wurden die Menschen, die sich vom Heidentum zum Christentum bekehrten, immer in der Osternacht getauft. Als Zeichen für ihre Umkehr und ihre Befreiung von allen

Sünden zogen sie ein weißes Taufkleid an, das sie eine Woche lang, bis einschließlich Sonntag nach Ostern getragen haben.

Daher hat der Sonntag nach Ostern nämlich auch seinen Namen. Weiß jemand, wie dieser Sonntag genannt wird? Weißer Sonntag. Heute gehen vielerorts die Kinder am Weißen Sonntag zum ersten Mal zur heiligen Kommunion.

Auch heute noch bekommen die Täuflinge in der Tauffeier das weiße Kleid überreicht. Viele Familien haben ein Taufkleid und bringen es zur Tauffeier mit in die Kirche. Die Gemeinde hat aber auch ein Taufkleid, das den Täuflingen nach der Taufe aufgelegt wird. Der Priester spricht dabei einen ganz bestimmten Satz: „N., dieses weiße Kleid soll dir ein Zeichen dafür sein, daß du in der Taufe neu geschaffen worden bist und – wie die Schrift sagt – Christus angezogen hast. Bewahre diese Würde für das ewige Leben."

„Christus angezogen", das hört sich ein bißchen komisch an. Es soll einfach heißen: Du gehörst jetzt zu Christus, zur Gemeinschaft der Kirche, du bist ein Kind Gottes!

Gott spricht jeden von uns ganz persönlich an! Er ruft uns bei unserem Namen. Beim Propheten Jesaja finden wir einen Satz, der das ganz deutlich ausdrückt: „Ich habe dich bei deinem Namen gerufen, du bist mein." (Jes 43,1) Das erste Mal von Gott beim Namen gerufen werden wir in der Taufe, wenn der Priester sagt: „N., ich taufe dich im Namen des Vaters und des Sohnes und des heiligen Geistes." Der Täufling wird mit dem Namen angesprochen, den seine Eltern ihm gegeben haben. Gott kennt uns alle bei unserem Namen. Das ist doch eigentlich schön zu wissen! Wenn ich mit meinem Namen angesprochen werde: Pia, Stefan, Antonia, Sophia, Raphaela oder wie immer ich auch heiße, dann hört sich das doch viel besser an, als: Hey, du da!

Wir sind für Gott keine Nummer, sondern einzigartige Geschöpfe. Wenn ich jemanden mit Namen kenne, dann verbinde ich etwas mit diesem Menschen. Ich weiß, wie er aussieht, wo er wohnt oder woher ich ihn kenne. „Der Marvin, der geht mit mir in den Kindergarten, und der hat immer eine rote Jacke an." Oder: „Die Lisa, die wohnt im Haus gegenüber und lacht immer so fröhlich."

So gut und noch viel besser kennt Gott uns. Er weiß, wer wir sind, und er paßt gut auf uns auf, weil er uns liebt.

„Ich habe dich bei deinem Namen gerufen. Du bist mein!" Mit dem Taufkleid haben wir Christus angezogen, wir sind Christen und tragen seinen Namen. Deshalb dürfen wir, wenn wir beten, das „Im Namen des Vaters und des Sohnes und des heiligen Geistes" tun.

Wir wollen jetzt gemeinsam ein Lied singen, das genau davon erzählt

Christus, deinen Namen tragen wir. Christus, unsern Namen haben wir von dir.
Christen werden wir genannt, daß wir so wie du die Hand allen Menschen geben, gut zusammen leben. In deinem Namen. Amen. Amen.
Christus, deinen Namen tragen wir...
Sind wir schwach, schenkst du uns Mut, machst uns stark, damit wir gut miteinander leben, lieben und vergeben. In deinem Namen. Amen. Amen.
Christus, deinen Namen tragen wir...
Wenn dein Wort uns führt und hält, kommt der Frieden in die Welt, den du uns gegeben, daß wir fröhlich leben. In deinem Namen. Amen. Amen.

▷ Tauferinnerung und Fürbitten
Wer getauft wird, wird mit seinem Namen angesprochen. Wir Menschen sind für Gott keine Nummer, sondern einzigartige Geschöpfe. In der Taufe treten wir ein in die Gemeinschaft mit Jesus. Wir werden Christen und gehören zur Kirche. Das Taufwasser reinigt uns von allem, was uns von Gott trennt. Aber es gibt noch mehr Zeichen bei einer Tauffeier:
- Die Salbung mit Chrisam sagt: Dieser Mensch hat Gemeinschaft mit Christus, dem Gesalbten.
- Das weiße Taufkleid drückt die Freude aus, zu Jesus zu gehören.
- Die Taufkerze erinnert an Christus, das Licht der Welt.
In der Osternacht wird die neue Osterkerze geweiht. An ihr wird die Taufkerze entzündet. Als Erinnerung an die Taufkerze bekommt jedes Kind eine kleine Osterkerze, die ihr gemeinsam mit euren Eltern jetzt an der großen Osterkerze anzünden könnt. Wir bilden dann einen großen Kreis um den Altar und halten das Fürbittgebet.
Zwischen den einzelnen Bitten singen wir: *Das wünsch ich sehr, daß immer einer bei mir (dir) wär, der lacht und spricht: Fürchte dich nicht.*
- Lieber Gott, wir bitten dich: Laß diese Kinder in ihren Familien immer Geborgenheit und Verständnis finden.
- Lieber Gott, wir bitten dich: Laß unsere Kinder gute Freunde finden, die ihnen Liebe und Halt auf ihrem Lebensweg geben.
- Lieber Gott, wir bitten dich: Laß unsere Kinder gesund bleiben und glücklich werden.
- Lieber Gott, wir bitten dich: Gib unseren Kindern die Kraft, Schwierigkeiten anzunehmen und sie hoffnungsvoll zu überwinden.

VII. Pfingsten

Komm heiliger Geist

Vorbereitung

- Liedzettel
- feuerfeste Schale
- Zeitung und etwas Kleinholz

Im Rahmen der Katechese wird ein Feuer in einer feuerfesten Schüssel entzündet. Bei dem Kleinholz sollten ein paar Späne dabei sein, die sich leicht entflammen lassen und ein paar dickere Stückchen, die etwas länger brauchen, aber dann doch anfangen zu brennen.

Ablauf

▷ Eröffnung

▷ Begrüßung

▷ Anzünden der Kerze

▷ Gemeinsames Kreuzzeichen

▷ Lied
– SL 1: Im Namen des Vaters (Text: H. Bergmann, Musik: H. Wortmann, aus SU 330 „Pfälzer Kindermesse", Rechte: Lahn-Verlag, Limburg)

▷ Einführung
Pfingsten – Fest des heiligen Geistes

▷ Schrifttext
Pfingsten (Aus: Das große Bibelbilderbuch S. 318–323)

▷ Lied
– SL 140: Zu Ostern in Jerusalem (Text: A. Juhre, Musik: K. W. Wiesenthal, Rechte: bei den Autoren

▷ Katechese
Der Geist Gottes erfüllte sie und sie konnten in allen Zungen reden. Aufarbeitung des Textes.
Wir entzünden ein Feuer! Die Jünger ließen sich entflammen von Gottes Geist und der Funke sprang auf die anderen Menschen über.
Pfingsten – der Geburtstag der Kirche.

▷ Fürbitten
Heiliger Geist, entflamme in uns das Feuer ...

▷ Vaterunser

▷ Segen/Kindersegen

▷ Lied
– SL 149: Wenn unsere Kirche Geburtstag hat (Text: Rolf Krenzer,
Musik: Peter Janssens, aus: Ich schenk Dir einen Sonnenstrahl,
Rechte: 1985, Peter Janssens Musikverlag, Telgte)

Elemente für den Gottesdienst

▷ Einführung
Pfingsten, das Fest, das wir heute feiern, ist das Fest des heiligen
Geistes. Das Wort Pfingsten ist aus dem Griechischen abgeleitet und
bedeutet fünfzig. Fünfzig Tage nach Ostern erinnern wir uns daran,
was damals in Jerusalem passierte. Jesus war am Kreuz gestorben
und am dritten Tage wieder auferstanden. Das haben wir Ostern
gefeiert. Er ist den Jüngern mehrere Male erschienen und dann in den
Himmel aufgefahren. Die Jünger hatten sich wie viele andere Menschen auch, in Jerusalem versammelt, um ein großes Fest zu feiern.
Da ist dann etwas ganz Außergewöhnliches passiert. Aber hört
selbst, was in der Bibel dazu geschrieben steht.

▷ Schrifttext
Das Pfingstfest ist da. Jerusalem ist voller Menschen. Fromme Juden
aus aller Welt sind gekommen. Auf einmal braust ein Sturm vom
Himmel. Das ganze Haus, in dem die Jünger mit der Mutter Jesu
gemeinsam beten, ist voll Feuer. Das Feuer wärmt und leuchtet, aber
es brennt nicht. Die Jünger loben und preisen Gott. Die Menschen
laufen herbei. Sie staunen: Jeder hört die Jünger in seiner eigenen
Sprache reden.
Petrus tritt aus dem Haus. Er sagt: „Wundert euch nicht! Das hat Gott
getan." Weiter sagt Petrus: „Glaubt an Jesus und kommt zu uns. Laßt
Euch taufen." Viele Menschen kommen herbei. Sie lassen sich taufen. Sie bleiben zusammen und danken Gott. Sie helfen einander. Sie
sind wie eine große Familie. Keiner muß hungern.
(Aus: Hellmut Haug, Das große Bibelbilderbuch, Deutsche Bibelgesellschaft,
Stuttgart 1994, S. 318–323)

▷ Katechese
Da ist ja wirklich was Außergewöhnliches in Jerusalem passiert.
Viele Menschen, so wird erzählt, sind zum großen Fest in die Stadt

gekommen. Da war richtig was los! Die Straßen waren voller Menschen: Araber, Juden, Ägypter, Römer und viele andere drängten durch die Gassen von Jerusalem. Jeder sprach in seiner eigenen Sprache, viele konnten sich untereinander gar nicht verstehen. Die Jünger, so haben wir gehört, hielten sich mit Maria, der Mutter Jesu, in einem Haus auf. Ihnen war noch nicht so richtig nach Feiern zumute. Plötzlich passierte etwas! Wißt ihr es noch? (...) Da wird von einem Feuer gesprochen, das das Haus erfüllt. Dieses Feuer ist aber kein gewöhnliches Feuer. Es wärmt und leuchtet, aber es brennt nicht.

Aber dieses Feuer macht etwas mit den Jüngern! Sie, die kurz vorher noch traurig hinter verschlossenen Türen gesessen haben, haben plötzlich Mut und Kraft, allen anderen von ihren Erlebnissen mit Jesus zu berichten. Sie brennen förmlich darauf, die frohe Botschaft weiter zu erzählen. Und das Beste ist: Jeder, der ihnen zuhört, hört die Jünger in seiner Sprache sprechen. Egal, ob es die Ägypter, die Araber, die Juden, oder die Römer waren; sie alle verstanden, was die Jünger ihnen in ihrer Begeisterung erzählen wollten. Sie spürten, wenn wir auf Jesus hören, sind wir eine große Gemeinschaft, egal welchem Volk wir angehören. Sie wurden angesteckt vom Feuer der Begeisterung. Der Funke sprang über.

Wir wollen jetzt auch ein richtiges Feuer anzünden! Ich habe hier eine große Schüssel mit etwas Zeitungspapier. Wenn ich da jetzt ein Streichholz dranhalte, fängt das Papier Feuer und brennt lichterloh. Was passiert denn, wenn man ein solches Feuer nicht in einem Gefäß, sondern z. B. auf einer Wiese anzündet? (...) Es läuft weg, es breitet sich aus. Vielleicht kennt ihr den Satz: Die Nachricht verbreitet sich wie ein Lauffeuer. Sie breitet sich ganz schnell und ganz weit aus. So war das damals mit der Botschaft Jesu: Sie wurde in alle Welt getragen. Aber das ist ja gut, sonst wüßten wir heute vielleicht gar nichts von Jesus.

Aber noch einmal zurück zu unserem Feuer! Wenn ich an das brennende Papier kleine Holzstücke halte, seht ihr, daß die einen recht schnell Feuer fangen, andere etwas länger brauchen. So war das auch damals in Jerusalem. Einige Menschen, die den Jüngern zuhörten, waren sofort Feuer und Flamme, andere brauchten ein bißchen länger, fingen dann aber doch noch Feuer. Petrus, einer der Jünger hielt eine flammende Rede. Die Menschen waren begeistert und jubelten ihm zu, ähnlich, wie samstags im Stadion, wenn die heimische Fußballmannschaft gewinnt. Petrus spürte plötzlich eine große Kraft in sich. Alle Angst und alle Mutlosigkeit waren wie weggeblasen. Er konnte über Jesus und seine Botschaft reden. Seine Begeisterung war ansteckend! Er sagte: „Daß jeder uns in seiner Sprache reden hört, hat Gott gemacht. Er hat uns seinen heiligen Geist geschickt. Dieser heilige Geist verwandelt uns und schenkt uns Mut! Er schenkt uns Geduld, Verständnis, Hilfsbereitschaft und macht uns fröhlich. Er macht uns lebendig."

Die Menschen ließen sich von der Begeisterung der Jünger anstecken. Rund dreitausend Menschen ließen sich an diesem Tag taufen, wurden Christen. Dieses Pfingstfest damals in Jerusalem war der Anfang der christlichen Kirche. Wir können sagen, es war der Geburtstag der Kirche. Die Menschen haben mit dem Feuer des heiligen Geistes die Botschaft Jesu in alle Welt getragen. Dieses Feuer brennt auch heute noch in uns Menschen, denn auch heute noch wird die Botschaft Jesu weitergetragen. Überall auf der ganzen Welt kommen Menschen in den Kirchen zusammen und singen, beten und erzählen vom lieben Gott. Ihr könnt also sehen, daß der heilige Geist auch heute noch durch die Welt weht und in vielen Menschen das Feuer der Begeisterung für Jesus entzündet.

Das Feuer in unserer Schüssel verlöscht so langsam. Das Feuer in unseren Herzen aber soll für immer brennen. So lange wir leben, sollen wir uns vom heiligen Geist entzünden lassen, sollen wir uns die Begeisterung für Jesus bewahren. Das ist mein Pfingstwunsch für uns alle!

▷ Fürbitten

Lieber Gott, du hast deinen Jüngern den heiligen Geist gesandt, der ihnen den Mut und die Begeisterung schenkte, deine frohe Botschaft in die Welt zu tragen. Wir bitten dich:

– Halte auch in uns die Begeisterung für Jesus und seine Botschaft wach. Hilf uns, auch andere für dich und dein Wort zu begeistern.
– Entflamme in uns das Feuer deiner Liebe und hilf, daß durch uns deine Liebe in der Welt spürbar wird.
– Sende uns deinen Geist, der uns antreibt und uns Hoffnung schenkt, wenn wir mutlos sind und nicht mehr weiter wissen.

Lieber Gott, wir danken dir, daß du immer für uns da bist. Du läßt uns nicht allein. Sende uns deinen Geist, der uns verwandelt und lebendig macht. Darum bitten wir dich, heute und alle Tage.

VIII. Herbst

1. Kräuterweihe

In den Gottesdienstankündigungen werden Eltern und Kinder gebeten, gebundene Kräutersträußchen oder einzelne Kräuter mit in die Kirche zu bringen. Folgende Kräuter gehören in einen solchen Strauß: Johanniskraut, Schafgarbe, Tausendgüldenkraut, Kamille, Eisenkraut, Wermut, Baldrian, Pfefferminze und die Königskerze. Je nach Landstrich und Kräuterangebot kann da aber durchaus variiert werden. Jede Familie sollte nach dem Gottesdienst ein geweihtes Sträußchen mit nach Hause nehmen können.

Vorbereitung

- Liedzettel
- beschriftete Kräuter
- evtl. kleine Kräutersträußchen

Ablauf

▷ Eröffnung

▷ Begrüßung

▷ Anzünden der Kerze

▷ Gemeinsames Kreuzzeichen

▷ Lied
- SL 251: Herr, wir freuen uns, der Tag ist schön (Text und Musik: Gertrud Lorenz, Rechteinhaber unbekannt)

▷ Einführung
Erklärung der Kräuterweihe

▷ Lied
- SL 301: Du gabst mir Augen (Text: Rolf Krenzer, Musik: Ludger Edelkötter, aus: Halte zu mir heute, Textr: Rolf Kreuzer, Dillenburg, Musikrechte: Impulse-Musikverlag, Drensteinfurt)

▷ Katechese
Gottes Schöpfung. Gott hat uns die Welt geschenkt, mit allem, was darauf atmet und lebt. Erklärung der mitgebrachten Kräuter und ihrer Einsatzmöglichkeiten.

▷ Lied
– SL 302: Du hast uns Deine Welt geschenkt (Text: Rolf Krenzer; Musik: Detlef Jöcker, aus: Heut ist ein Tag, an dem ich singen kann, Rechte: Menschenkinder Verlag, Münster)

▷ Kräuterweihe
Segnung der Kräuter

▷ Fürbitten
Bewahrung der Schöpfung
Für die Kranken

▷ Vater unser

▷ Segen/Kindersegen

▷ Lied
– SL 86: Guter Gott, danke schön (Text: H. Bergmann, Musik: H. Wortmann, aus: SU 330 „Pfälzer Kindermesse", Rechte beim Lahn-Verlag, Limburg)

Elemente für den Gottesdienst

▷ Einführung
Wir sind hier heute zusammen in die Kirche gekommen, um etwas ganz Besonderes mit euch zu feiern. Viele von euch haben etwas mitgebracht, ebenso, wie wir. Das sind Blumen und Kräuter, die jetzt im Sommer auf den Wiesen und in den Gärten wachsen. Wir müssen nur genau hinschauen, wenn wir durch Wiesen und Felder laufen, oder wenn ihr zu Hause im Garten spielt.
Wir haben diese Blumen und Kräuter heute mit in die Kirche gebracht, weil wir den lieben Gott um seinen Segen für diese Pflanzen bitten möchten. Eben habe ich vom Hinschauen gesprochen. Wir müssen unsere Augen öffnen, damit wir die vielen Dinge in der Natur auch entdecken können. Es gibt ein Lied, das genau davon erzählt. Dieses Lied wollen wir gemeinsam singen:

Du gabst mir Augen, daß ich dich sehen kann. Und deine Schöpfung schau ich staunend an. Du gabst mir Augen, daß ich dich sehen kann und deine Schöpfung schau ich staunend an.
Im Winde wiegen, sich Ähren auf dem Feld. Ein goldnes Leuchten, schön ist deine Welt. Du gabst mir Augen, . . .
Wälder und Berge, bis hin zum Himmelsblau. Vor deiner Schöpfung steh ich da und schau. Du gabst mir Augen, . . .

▷ Katechese

Im Lied haben wir es gerade gesungen: „Gottes Schöpfung seh' ich staunend an …" Gottes Schöpfung, was ist das denn? Kann jemand von euch etwas mit diesem Begriff anfangen? (…)
Die Schöpfung, das ist die Welt, so wie Gott sie erschaffen hat. Was finden wir denn alles in dieser Welt? (…) Länder, Meere, Bäume Sträucher, Blumen, Pflanzen, Tiere, Menschen …
Ihr habt gerade auch die Pflanzen genannt, die Gott erschaffen hat. Zu den Pflanzen gehören Bäume, Sträucher, Blumen und Kräuter. Einige Blumen und Kräuter wollen wir uns heute mal etwas genauer anschauen. Ihr habt heute besondere Blumen und Kräuter mitgebracht, nämlich Heilpflanzen und Heilkräuter. Die heißen so, weil sie eine besondere Heilwirkung haben, weil sie uns Menschen gesund machen können. Laßt uns mal schauen, wie die Heilpflanzen, die wir hier heute haben, heißen und wofür oder wogegen sie gut sind.
Im Folgenden sind einige Heilkräuter aufgelistet. Die Liste muß den Gegebenheiten vor Ort angepaßt werden. Sinnvoll ist es, einige Heilkräuter bereits beschriftet mit zum Gottesdienst zu bringen.

Eisenhut: Wirksam gegen Fieber bei Erkältungskrankheiten. Wird heute hauptsächlich in der Homöopathie in Form von Tropfen oder Globuli (Kügelchen) eingesetzt. Geschützte Pflanze, tödlich giftig!
Dill: Wie Fenchel, Kümmel und Anis wirksam gegen Blähungen. Verwendung in der Küche als Gewürz.
Birke: Anwendung der Blätter in Tees und anderen Fertig-Arzneimitteln gegen Blasen- und Nierenleiden.
Lavendel: Zur Beruhigung, Anwendung findet das ätherische Öl.
Kamille: Als Tee bei Magenbeschwerden, äußerlich angewendet wirkt Kamille entzündungshemmend.
Kornblume: Als Magen- und Darmtee.
Schafgarbe: Als Tee, wirkt desinfizierend, entzündungshemmend, krampflösend.
Fingerhut: Als Inhaltsstoff von herzwirksamen Arzneimitteln.
Johanniskraut: Anwendung findet das Öl als Antidepressivum, stimmungsaufhellend.
Holunder: Als Tee aus den Blättern wirkt Holunder entzündungshemmend. Als Saft aus den Beeren, fiebersenkend.
Ringelblume: Als Salbeninhaltsstoff, entzündungshemmend, heilungsfördernd.
Salbei: Bei Halsschmerzen. Als Tee zum Gurgeln und Spülen.
Pfefferminze: Als Tee bei Magenbeschwerden.
Melisse: Als Tee bei Magenbeschwerden.

<u>Baldrian</u>: In Tees, als Tropfen und in Tabletten, zur Beruhigung
<u>Wermut</u>: Als Tee oder Tropfen, gegen Magenbeschwerden

Die Liste läßt sich beliebig weiter fortsetzen. Vielleicht stehen aus den Reihen der Eltern ja Fachleute zur Verfügung, die entsprechend weiterhelfen können.

Jetzt haben wir eine ganze Menge gehört zu diesen Kräutern. Der liebe Gott hat sich auch etwas dabei gedacht, daß er uns so viele Heilkräuter gegeben hat.

Wir haben ja schon oft Geschichten von Jesus gehört, in denen er Menschen geheilt hat. Er möchte, daß wir Menschen auch heute gesund sind, gesund bleiben und die kranken Menschen gesund werden. Deshalb hat er uns die Heilkräuter geschenkt. Wir wenden diese Heilkräuter heute nicht mehr unbedingt in der Form an, wie ihr sie hier seht, aber diese Kräuter werden in der Medizin weiterverarbeitet. Von den Ringelblumen wird z. B. eine Salbe gemacht, Minze und Melisse – das haben wir ja schon gesagt – werden zu Tees verarbeitet u.s.w. Und weil diese Heilkräuter auch heute noch so wichtig sind, ist es ganz notwendig, daß wir sie schützen und dafür sorgen, daß alle diese Pflanzen ihren Lebensraum behalten. Diese Pflanzen sind, wie alles auf unserer Erde, ein Geschenk vom lieben Gott. Mit einem Geschenk geht man sorgsam um, daß wißt ihr alle und ihr bedankt euch, wenn ihr ein Geschenk bekommt.

Genau das wollen wir jetzt auch tun, dem lieben Gott „Danke" dafür sagen, daß er uns seine Welt geschenkt hat. *(Lied: Du hast uns deine Welt geschenkt)*

▷ Kräuterweihe

Nun wollen wir den lieben Gott um seinen Segen bitten, für diese Kräuter, die ihr nach dem Gottesdienst mit nach Hause nehmen könnt. Als Erinnerung an diesen Gottesdienst und als Erinnerung daran, daß alles, was auf dieser Erde wächst und gedeiht, ein Geschenk vom lieben Gott ist, auf das wir besonders gut aufpassen müssen.

▷ Segensgebet

Gott, unser Vater, du hast uns eine Fülle von Pflanzen geschenkt.
Sie machen uns Freude, sie schenken uns Nahrung.
Einige sind richtige Heilkräuter. Sie helfen uns, gesund zu werden, sie helfen uns, gesund zu bleiben.
Segne + diese Kräuter, die wir heute mit hier in die Kirche gebracht haben. Allen Menschen sollen sie helfen, gesund zu bleiben.
Jedem Menschen, der sie braucht, sollen sie Arznei sein.

Wir danken dir für alle Heilkräuter.
(Aus: Hermine König, Das große Jahresbuch für Kinder, Kösel Verlag, München, S. 273)

▷ Fürbitten
Lieber Gott, du hast uns deine Welt geschenkt. Du gabst uns das Leben. Wir bringen jetzt voll Vertrauen unsere Bitten vor dich:
– Erinnere uns immer wieder daran, daß wir die Welt, in der wir leben, schützen, damit alle Pflanzen wachsen und gedeihen können.
– Segne unsere Felder, die Gärten und den Wald und schenke uns die Früchte der Erde.
– Laß uns die Menschen nicht vergessen, die nicht genug zu essen haben. Hilf uns, die Gaben der Erde gerechter zu verteilen, damit alle Menschen satt werden.
– Wir denken heute besonders an alle Kranken. Gib ihnen Menschen, die die heilende Wirkung der Pflanzen kennen, die du uns geschenkt hast, damit sie bald wieder gesund werden.
– Gib allen Kranken Kraft und laß sie spüren, daß du ihnen hilfst und sie lieb hast.
Lieber Gott, wir danken dir für all' das Schöne, daß du uns geschenkt hast. Wir wollen gut auf deine Welt aufpassen und dir fröhlich lobsingen, heute und alle Tage.

2. Alles was wir haben, alles kommt von dir

Gottesdienst zum Erntedankfest

Vorbereitung
- Liedzettel
- eine runde Decke
- braunes Tuch, Schale mit Erde
- ockerfarbenes Tuch, Saatgut
- blaues Tuch, Krug mit Wasser
- gelbes Tuch, Sonnenstrahlen (Moosgummi)
- rotes Tuch, Ähren, Blumen, Früchte
- grünes Tuch, Schale mit Mehl
- weißes Tuch, Brotlaib

Die runde Decke wird zu Beginn des Gottesdienstes in die Mitte gelegt. Die anderen Legematerialien werden im Rahmen der Katechese angelegt, so daß ein Kreis vom Säen bis zum Ernten entsteht.

Ablauf

▷ Eröffnung

▷ Begrüßung

▷ Anzünden der Kerze

▷ Gemeinsames Kreuzzeichen

▷ Einführung
Wir feiern Erntedank

▷ Katechese
Basiert auf einer Legearbeit, mit der den Kindern die Prozesse vom Säen bis zum Ernten erfahrbar gemacht werden können, die zum Wachsen und Gedeihen notwendig sind.
(Idee aus: RPR 1993/1 Wir sind eine lebendige Kirche, Landshut)

▷ Liedruf
Du gibst uns die Sonne (Musik: Detlef und Anke Jöcker, Text: Rolf Krenzer, aus: Wir kleinen Menschenkinder. Neue religiöse Kinderlieder, Menschenkinder Verlag, Münster)
Die einzelnen Strophen werden während der Katechese gesungen

▷ Lied

Danke, für diese gute Ernte (M.: Danke für diesen guten Morgen, Text: Herkunft unbekannt, Rechte: Bosse Verlag, Kassel)

▷ Fürbitten

mit Liedruf: Nimm es, guter Gott, Dir soll es gehören (KV aus: Alles, was wir haben, SL 52, Text: H. Bergmann, Musik: H. Wortmann, aus: Es läuten alle Glocken, Rechte beim Lahn-Verlag, Limburg)

▷ Vaterunser

▷ Segen/Kindersegen

▷ Lied

– SL 86: Guter Gott, danke schön (Text: H. Bergmann, Musik: H. Wortmann, aus: SU 330 „Pfälzer Kindermesse", Rechte beim Lahn-Verlag, Limburg)

Elemente für den Gottesdienst

▷ Einführung

Am ersten Sonntag im Oktober wird das Erntedankfest gefeiert. Wir danken für alles, was Gott uns an Gaben in diesem Jahr geschenkt hat. Das Gemüse und das Getreide konnte wachsen, die Früchte reifen. Auch wenn die meisten von uns Obst und Gemüse im Laden kaufen und auch das Brot beim Bäcker geholt wird, so haben wir doch allen Grund zum Danken. Früher war das Erntedankfest ein ganz großes Fest, das die Menschen feierten, wenn sie die Ernte eingebracht hatten. Auch heute noch bringen vielerorts die Menschen Früchte, Getreide und Gemüse in die Kirche zum Altar. Dann wird ein feierlicher Dankgottesdienst gefeiert. Wir wollen heute auch einen solchen Gottesdienst feiern.

▷ Katechese

Zu Beginn wird in die Mitte eine runde Decke gelegt, an die im Uhrzeigersinn die entsprechenden Tücher und Legematerialien außen angelegt werden.

Die Erde hat sich den Winter über ausgeruht. Sie hat neue Kräfte gesammelt für den Frühling und den Sommer. Im Frühling bestellen der Bauer und der Gärtner den Boden. Sie eggen und pflügen den Boden, machen die Erde bereit, das Saatgut aufzunehmen. *Braunes Tuch anlegen, darauf eine Schale mit Erde stellen.*

Wir wollen Gott für die Erde danken.

Liedruf: *Du gibst uns die Erde, alles kommt von dir. Du gibst uns die Erde, darum danken wir, dir lieber Gott, dir lieber Gott, jeden Tag dafür.*

Der Bauer sät das Korn und setzt die Kartoffel in die Erde. Der Gärtner sät den Samen für Obst und Gemüse. Die Erde nimmt den Samen auf. Sie deckt ihn zu, umhüllt ihn und schützt ihn, damit er aufkeimen kann.
Ockerfarbenes Tuch anlegen, darauf eine Schale mit Saatgut stellen. Als Saatgut eignen sich z. B. Weizenkörner und Blumenzwiebeln.

Wir wollen Gott für das Saatgut danken, das die Voraussetzung dafür ist, daß aus der Erde etwas wachsen kann.
Liedruf: *Du gibst uns den Samen, alles kommt von dir. Du gibst uns den Samen, darum danken wir, dir lieber Gott, dir lieber Gott, jeden Tag dafür.*

Zum Wachsen braucht es den Regen. Der Regen fällt und sickert in die Erde. Die Erde saugt sich voll Wasser. In kleinen Bächen fließt das Wasser in der Erde. Aus diesen kleinen Bächen trinken die Wurzeln der Bäume, Pflanzen und Sträucher.
Blaues Tuch anlegen, darauf einen Krug, gefüllt mit Wasser, stellen.

Ohne Wasser vertrocknet alles. Wir wollen Gott für den Regen danken.
Liedruf: *Du gibst uns den Regen, alles kommt von dir. Du gibst uns den Regen, darum danken wir, dir lieber Gott, dir lieber Gott, jeden Tag dafür.*

Die Pflanzen brauchen zum Wachsen und Gedeihen aber auch die Sonne. Sie schenkt Licht und Wärme. Die warmen Sonnenstrahlen durchdringen die Erde und wecken die Samen und Knollen zum Leben.
Gelbes Tuch anlegen, Moosgummistreifen wie Sonnenstrahlen anlegen.

Menschen und Pflanzen brauchen Licht und Wärme zum Leben. Wir danken Gott für die Sonne.
Liedruf: *Du gibst uns die Sonne, alles kommt von dir. Du gibst uns die Sonne, darum danken wir, dir lieber Gott, dir lieber Gott, jeden Tag dafür.*

Im Schutz der Erde ist das Saatgut aufgekeimt. Es hat Wurzeln gebildet und ist zu einer Pflanze herangewachsen. Die Pflanzen

tragen Blüten und bringen Früchte hervor. So schenkt uns die Erde jedes Jahr wieder Gräser, Blüten, Ähren, Obst und Gemüse.
Rotes Tuch anlegen. Ähren, Blumen, Obst und Gemüse auf das Tuch legen.

Wir haben gesehen: Vieles muß zusammenwirken, damit das Korn und die anderen Früchte der Erde wachsen und reifen können.
Es braucht die Kraft der Erde, der Sonne, des Regens und des Windes. Es braucht aber auch die Arbeit des Menschen.
Vor allem aber braucht es Gottes Liebe, der seine Hand über uns und unsere Erde hält und alles mit seinem Segen erfüllt.
Die brennende Kerze wird in die Mitte der runden Decke gestellt.

Alles, was wir haben, kommt von Gott. Wir wollen ihm dafür Dank sagen.
<u>Liedruf</u>: *Alles, was wir haben, alles kommt von dir. Alles, was wir haben, darum danken wir, dir lieber Gott, dir lieber Gott, jeden Tag dafür.*

Die Geschichte des Weizenkorns, das im Frühjahr als Samenkorn in die Erde gelegt wurde und dann reiche Frucht gebracht hat, geht noch weiter. Aus einem einzigen Weizenkorn sind so viele Körner, wie hier an dieser Ähre gewachsen. Diese Körner werden zu Mehl vermahlen.
Grünes Tuch anlegen, darauf eine Schale mit Mehl stellen.
Aus diesem Mehl wird Brot gebacken. Unser tägliches Brot, das wir zum Leben brauchen.
Weißes Tuch anlegen, darauf einen Laib Brot legen.

Wir haben es eben erfahren: Jedes Jahr schenkt uns die Erde ihre Frucht. Wir sagen Gott „Danke" dafür, daß er uns auf seiner Erde leben läßt und so viele gute Gaben schenkt. Wir glauben an Gott, den Schöpfer des Himmels und der Erde. Wir glauben, daß von ihm alles kommt, daß alles, was ist, Werk seiner Hände ist.
Er schenkt der Erde die Kräfte, damit sie uns ernähren kann. Wir wollen Gott für alle guten Gaben danken.

Danke, für diese gute Ernte. Danke, für unser täglich Brot.
Danke, ach Herr, ich will dir danken, denn du bist so gut.
Danke für alle guten Gaben. Danke, Herr gib sie nicht nur mir!
Laß sie auch all, die Armen haben. Herr, ich danke dir.

▷ Fürbitten
Im Fürbittgebet wollen wir unsere Bitten vor Gott tragen, der uns so reich beschenkt hat.

Nach jeder Bitte singen wir den Kehrvers aus dem Lied: „Alles, was wir haben, alle unsere Gaben . . ." :

Nimm es, guter Gott, dir soll es gehören.
Nimm es, guter Gott, nimm uns selber hin.

- Gott, unser Vater. Was du uns geschenkt hast, bringen wir vor dich: Schöne Gräser, Blumen und Ähren. Wir haben sie mit in dein Haus gebracht. Laß uns deine Gaben achten und uns immer wieder daran erfreuen.

Nimm es, guter Gott, . . .

- Gott, unser Vater. Was du uns geschenkt hast, bringen wir vor dich: Brot und Wein, Gaben dieser Erde. Laß in ihnen Jesus unter uns sein, deinen Sohn, unseren Herrn und König.

Nimm es, guter Gott, . . .

- Gott, unser Vater. Was du uns geschenkt hast, bringen wir vor dich: Gemüse, Früchte, alles, was wir heute mitgebracht haben. Alten und Kranken in unserer Gemeinde soll es gehören. Schenke ihnen Freude und Lebensmut.

Nimm es, guter Gott, . . .

IX. Kirchweih

1. Gott baut ein Haus, das lebt

Vorbereitung

– Liedzettel
– große Kartons zum Kirche bauen
– Tonkarton zum Bekleben der Kirche
– Fingerfarbe, Wasser, Seife, Handtücher

Im Rahmen des Gottesdienstes wird gemeinsam mit den Kindern aus Kartons eine Kirche gebaut. Diese Kirche wird mit buntem Tonkarton beklebt. Die Kinder und Eltern werden vor dem Gottesdienst eingeladen, ihre Hände mit Fingerfarbe auf den Tonkarton zu drucken. Werden in der Gemeinde schon länger Krabbelgottesdienste gefeiert, kann man zusätzlich zu den Händen auch noch Bilder und Themen der bereits gefeierten Gottesdienste auf den Karton aufkleben. Schön ist es, wenn die Kirche eine gewisse Zeit stehen bleiben kann. Vielleicht besteht ja auch die Möglichkeit, den Rest der Gemeinde thematisch einzubeziehen.

Ablauf

▷ Eröffnung

▷ Begrüßung

▷ Anzünden der Kerze

▷ Gemeinsames Kreuzzeichen

▷ Lied
– SL 5: Wir feiern heut ein Fest (Text: Rolf Krenzer, Musik: Ludger Edelkötter, aus: Wir feiern heut ein Fest, Rechte: Impulse Musikverlag, Drensteinfurt)

▷ Einführung
Unsere Kirche hat Geburtstag.
Der Grund unseres Daseins: Jesus
Er hat gesagt: Laßt die Kinder zu mir kommen.

▷ Schrifttext
„Laßt die Kinder kommen!" (aus: Neukirchener Kinderbibel, Mk 10,13-16)

▷ Lied
– SL 3, 2.3: Laßt alle Kinder kommen (Text: H. Bergmann, Musik: H. Wortmann, aus: Es läuten alle Glocken, Rechte: Lahn-Verlag, Limburg)

▷ Katechese
Gotteshaus – Haus Gottes
Jesus lädt uns ein. Als Gemeinschaft sind wir Kirche und bauen daran mit.
Kirche aufbauen und bekleben.

▷ Lied
– SL 187: Gott baut ein Haus, das lebt (Text und Musik: Waltraud Osterlad, Rechteinhaber unbekannt)

▷ Dankgebet

▷ Vaterunser

▷ Segen/Kindersegen

▷ Lied
Danke, für diese schöne Stunde (M.: Danke für diesen guten Morgen, Rechte: Bosse Verlag, Kassel)

Elemente für den Gottesdienst

▷ Einführung
„Wir feiern heut ein Fest, weil Gott uns alle liebt!" Dieser Satz aus unserem Eingangslied bringt es auf den Punkt. Wir feiern heute ein Fest, das Kirchweihfest. Vor. ... Jahren wurde unsere Kirche erbaut und am. ... geweiht. Und an diesen Weihetag denken wir heute. Das ist, wenn ihr so wollt, der Geburtstag unserer Kirche. Diese Kirche ist erbaut worden, weil die Menschen einen Ort haben wollten, an dem sie bei Jesus sein können, an dem sie Gottesdienst feiern können. Wir treffen uns ja auch immer wieder zum Gottesdienst hier in der Kirche. Dafür, daß wir immer wieder hier zusammenkommen, gibt es einen bestimmten Grund: Jesus! Wir haben eben gesungen: „Herein, herein, wir laden alle ein ..." Jesus lädt uns auch ein, uns alle. Aber besonders lädt er die Kinder zu sich ein. Das hat er auch einmal ganz deutlich gesagt: „Laßt die Kinder zu mir kommen!" Die Geschichte dazu steht in der Bibel und die wollen wir uns jetzt einmal anhören.

▷ Schrifttext
Einmal war Jesus mit gelehrten Männern in ein Gespräch vertieft. Da kamen Mütter mit ihren Kinder auf der Straße daher. Die einen

führten sie an der Hand. Die anderen trugen sie auf dem Arm. Wie zu einem Fest kamen sie an: eine fröhliche, lärmende Schar.
Als aber die Jünger sie sahen, wurden sie ärgerlich. Jesus hatte doch genug mit den Gelehrten zu tun! Und nun auch noch die Mütter und schreiende Kinder? „Was wollt ihr hier?" herrschten sie die Frauen an. „Wollt ihr etwa die Kinder zu Jesus bringen? Die sind noch viel zu klein! Die verstehen doch nichts! Geht wieder heim! Ihr stört Jesus!"
Aber Jesus fuhr seine Jünger an: „Laßt sie!" rief er. „Laßt die Kinder zu mir kommen und haltet sie nicht zurück! Denn sie gehören mehr zu Gott als ihr alle. Und ich sage euch: wenn ihr nicht werdet wie Kinder, werdet ihr nie zu Gott kommen!"
Und er winkte die Kinder zu sich, schloß sie in seine Arme, legte die Hände auf sie und segnete sie.
(Laßt die Kinder kommen, Mk 10,13-16, aus: Irmgard Weth, Neukirchener Kinder-Bibel, mit Bildern von Kees de Kort, Kalender-Verlag des Erziehungsvereins, Neu-kirchen-Vluyn [11]1998)

Ist diese Geschichte nicht wunderbar? Auf eurem Liedzettel findet ihr ein Lied, das genau von dieser Geschichte erzählt. Laßt uns die beiden Strophen doch gemeinsam singen:

Laßt alle Kinder kommen, so sagt Herr Jesus Christ.
Sie sollen zu mir kommen und wehrt es ihnen nicht.
Gott liebt die Kinder, er lädt uns alle ein.
Gott liebt die Kinder, wir wollen bei ihm sein.

Wir grüßen dich Herr Jesus, im Gotteshause hier.
Wir sind nun deine Gäste, wir danken dir dafür.
Gott liebt die Kinder, . . .

▷ Katechese
Gott liebt die Kinder, er lädt uns alle ein. Er lädt uns ein in die Kirche. Ein anderer Name für Kirche ist Gotteshaus. Ein Gotteshaus ist ein Haus Gottes, wie der Name ja schon sagt. Gott selbst lädt uns zu sich ein. Wenn ihr jemanden zu euch nach Hause einladet, dann sind das in der Regel Freunde. Menschen, die ihr gern habt, mit denen ihr gerne zusammen seid. Weil Gott die Menschen liebt und ganz be-sonders die Kinder, lädt er uns immer wieder zu sich ein und freut sich, wenn wir diese Einladung annehmen und zum Gottesdienst hier in sein Haus kommen.
Sein Sohn Jesus hat seinen Jüngern damals ja ganz deutlich die Meinung gesagt. Wißt ihr noch, was die behauptet haben, was sie zu den Müttern gesagt haben? (. . .)

„Wollt ihr etwa die Kinder zu Jesus bringen? Die sind noch viel zu klein. Die verstehen nichts!" Richtig rumgemeckert haben sie. Und was macht Jesus? (...) Der sagt: „Laßt die Kinder zu mir kommen!" Er wäscht seinen Jüngern richtig den Kopf! Von wegen, die Kinder sind zu klein und verstehen nichts! „Sie gehören mehr zu Gott als ihr alle! Wenn ihr nicht so werdet wie sie, dann werdet ihr nie zu Gott kommen!" Dann tut Jesus etwas sehr Schönes: Er nimmt die Kinder in seine Arme und segnet sie. Er zeigt allen anderen damit: Ich habe diese Kinder lieb, ich will sie beschützen und sie mit meinem Segen begleiten. Diese Kinder gehören zu mir und dürfen jederzeit zu mir kommen. Wir sind heute der Einladung Jesu gefolgt, wie schon viele Male zuvor auch. Wir sind eine Gemeinschaft. Menschen, die gemeinsam etwas tun, nämlich Gottesdienst feiern, von Jesus erzählen und singen. Als Gemeinschaft sind wir Kirche und bauen daran mit! Die Kirche ist nämlich nicht nur ein Gemäuer, das vor vielen Jahren aus toten Steinen zusammengefügt wurde. Nein, die Kirche ist ein lebendiges Haus, voll Leben, aus lauter bunten Steinen. Wir sind solche lebendigen Steine. Unsere Gottesdienste, die wir hier gemeinsam feiern sind auch bunte Steine, aus denen eine lebendige Kirche wachsen kann. Lebendige Kirche, das heißt, daß viele Menschen von Gott hören und seine Botschaft weitererzählen.

Ihr habt euch bestimmt schon gefragt, was wir mit den vielen Kartons hier vorhaben. Aus diesen Kartons wollen wir eine Kirche bauen, so richtig mit Kirchenschiff und Turm. Da dürft ihr jetzt alle kräftig mithelfen! *(Kirche bauen, Eltern und Kinder mit einbeziehen)*

Die Kirche ist ja ganz toll geworden. Ein bißchen bunter könnte sie sein, findet ihr nicht? Vor dem Gottesdienst habt ihr alle, Eltern und Kinder, eure Hände auf buntes Papier aufgedruckt. Damit wollen wir die Steine unserer Kirche bunt machen. Wir machen mit unseren Händen deutlich: Wir selber sind Steine in Gottes lebendigem Haus. *(Falls Bilder von gefeierten Gottesdiensten zur Verfügung stehen, können diese angebracht werden. „Unsere Gottesdienste sind bunte Steine.")*

Während die bunten Steine an die Kirche geklebt werden, wollen wir ein Lied singen, daß genau davon erzählt:

Gott baut ein Haus, das lebt, aus lauter bunten Steinen, aus großen und aus kleinen, eins, das lebendig ist.
Gott baut ein Haus, das lebt, wir selber sind die Steine, sind große und auch kleine, du, ich und jeder Christ.
Gott baut ein Haus, das lebt, aus ganz, ganz vielen Leuten, die in verschiedenen Zeiten hörten von Jesus Christ.

Gott baut ein Haus, das lebt. Wir kennen seinen Namen und wissen auch zusammen, daß es die Kirche ist.

▷ Dankgebet

Lieber Gott, du liebst alle Kinder und hast auch uns eingeladen zu dir, in dein Haus. Du hast uns versprochen, daß du bei uns bist und uns nie vergißt oder verläßt. Dafür danken wir dir.

Lieber Gott, du liebst uns und gibst uns alles, was wir zum Leben brauchen. Wir haben ein Dach über dem Kopf und genug zu essen. Wir haben Menschen, die uns lieb haben, unsere Eltern, Geschwister und Freunde. Dafür danken wir dir.

Wir wissen, daß du Tag und Nacht bei uns bist und auf uns achtgibst. Dafür danken wir dir.

▷ Schlußlied

Danke, für diese schöne Stunde, danke, für diesen frohen Tag.
Danke, daß du mit uns im Bunde, was auch kommen mag.

Danke, für alle guten Freunde, danke, o Herr für jedermann.
Danke, wenn auch dem größten Feinde, ich verzeihen kann.

Danke, für manche Traurigkeiten, danke, für jedes gute Wort.
Danke, daß deine Hand mich leiten will an jedem Ort.

Danke, o Herr für deine Liebe, danke, daß du uns Christus gibst.
Danke, daß du uns Leben spendest und uns immer liebst.

2. Christus, unser Grundstein

Wir haben diesen Gottesdienst als Open-Air-Gottesdienst am Grundstein unserer Kirche gefeiert.

Vorbereitung
- Liedzettel
- Holzbausteine
- trockener, feiner Sand
- ein loser Rahmen aus vier Brettern

Vor dem Gottesdienst wird aus vier Brettern ein Rahmen (ca. 50 x 50 x 30 cm) gebaut, in den trockener, feiner Sand eingefüllt wird. Die Kinder sollen im Gottesdienst ein Haus in den Sand bauen. Der Rahmen muß so gebaut sein, daß er nach dem Hausbau leicht entfernt werden kann und der Sand nach außen wegrutscht.

Ablauf

▷ Eröffnung

▷ Begrüßung

▷ Anzünden der Kerze

▷ Gemeinsames Kreuzzeichen

▷ Lied
Die Großen und die Kleinen (Melodie: Detlef Jöcker, Text: Rolf Krenzer, aus: Wir kleinen Menschenkinder)

▷ Einführung
Erinnerung an den Bau unserer Kirche

▷ Katechese
Ein Grundstein, was ist das?
Haus auf Sand bauen. Was passiert, wenn der Sand wegrutscht?
Christus ist unser Grundstein, auf ihn können wir unser Leben bauen.

▷ Lied
– SL 187: Gott baut ein Haus, das lebt (Text und Musik: Waltraud Osterlad, Rechteinhaber unbekannt)

▷ Fürbitten

▷ Vaterunser

▷ Segen/Kindersegen

▷ Lied
– SL 249: Halte zu mir, guter Gott (Text: Rolf Krenzer, Musik: Ludger Edelkötter, aus: Halte zu mir heute, Rechte: Impulse Musik-Verlag, Drensteinfurt)

Elemente für den Gottesdienst

▷ Einführung
Heute feiern wir unseren Gottesdienst an einer recht ungewöhnlichen Stelle. Wir haben uns hier draußen am Grundstein unserer Kirche eingefunden. Dieser Grundstein erinnert uns mit seiner Inschrift an den Bau unserer Kirche. Hier steht eine Jahreszahl. ... In diesem Jahr wurde mit dem Bau der Kirche begonnen. Fertiggestellt und geweiht wurde sie. ... Der Weihetag unserer Kirche war ein ganz besonderer Festtag für die Gemeinde. Das kann man in den alten Kirchenbüchern nachlesen. Ähnlich wie ein Geburtstag wird in jedem Jahr das Kirchweihfest gefeiert. Wir wollen heute „Kirchengeburtstag" feiern. Aber zunächst einmal mußte unsere Kirche ja gebaut werden. Und da spielte dieser Grundstein hier eine große Rolle.

▷ Katechese
Was ist überhaupt ein Grundstein? Ich wollte das ganz genau wissen und habe mal in einem Lexikon nachgeschlagen. Ein Grundstein ist der erste Stein, der zu Beginn einer Baumaßnahme gelegt wird. Wenn ich also ein Haus bauen will, ist der erste Stein, mit dem ich anfange, der Grundstein. Also heißt „einen Grundstein legen": den Anfang bilden, eine Basis schaffen. Auf diesem Grundstein baut sich das ganze Haus auf. Er ist also von großer Bedeutung.
Jetzt ist der Grundstein unserer Kirche hier hinten an der Rückwand des Gebäudes eingemauert. Da sind schon jede Menge Steine vorher verbaut worden, bis der Grundstein hier seinen Platz gefunden hat.
Diese Tatsache ist aber ganz leicht zu erklären. Bei öffentlichen Gebäuden, wie z. B. einer Kirche, einem Krankenhaus, einem Altenheim, einem Rathaus oder einer Schule findet zu Beginn der Baumaßnahme eine sogenannte Grundsteinlegung statt. Da wird dieser Grundstein in einer Feierstunde symbolisch eingemauert. In diesen Grundstein wird eine Metallkassette hineingelegt, die eine Urkunde, eine Tageszeitung von diesem Tag und Münzen enthält.

Der Stein wird dann verschlossen und nachher an einer gut sichtbaren Stelle ins Mauerwerk eingesetzt. Da weiß dann jeder, der an dem Gebäude vorbeikommt, dieses Haus, diese Kirche, diese Schule wurde im Jahr . . . erbaut.

Wir wollen jetzt auch ein kleines Haus bauen. Wir haben euch hier einen kleinen Sandkasten mitgebracht und Holzbausteine. Kommt doch mal her und schaut, ob ihr auf diesem Sand ein Haus bauen könnt. *(Kinder bauen, evtl. unter Mithilfe der Eltern, ein Haus)*

Das Haus sieht doch ganz prima aus! Meint ihr, daß das hält? Im Moment steht es ja noch recht sicher auf dem Sand. Was meint ihr, was passiert, wenn wir die Bretter außen um den Sandkasten herum abnehmen? (. . .) *(Die Bretter werden entfernt)*

Das schöne Haus fällt in sich zusammen! Der Sand unter unserem Haus hat nachgegeben, er ist weggerutscht. Das heißt also, wir müssen, wenn wir etwas bauen wollen, aufpassen, daß wir das auf festem Grund tun, daß unser Grundstein sicher und fest gelegt ist, damit nicht nachher alles in sich zusammenfällt, weil der Untergrund zu wackelig ist.

Der eine oder andere fragt sich jetzt bestimmt: „Was hat das denn mit unserem Gottesdienst und mit Jesus zu tun?"

Es gibt ein Kirchenlied, das die Eltern mit Sicherheit alle kennen: „Ein Haus voll Glorie schauet . . ." Da heißt es in der zweiten Strophe: „Die Kirche ist erbauet, auf Jesus Christ allein . . ." und in einer anderen Strophe dieses Liedes heißt es: „. . . Laß fest auf diesem Grund, uns stehen zu aller Stund!" Das heißt: Jesus ist unser Grundstein. Wenn wir unser Leben auf ihm aufbauen, stehen wir fest und sicher. Ein Grundstein für etwas sein, heißt: Von großer Bedeutung für etwas sein. Jesus ist von großer Bedeutung für unser Leben, sonst wären wir ja auch heute nicht hier.

Wir sind Christen, wir gehören zur Kirche. Und mit Kirche ist nicht nur dieses Gotteshaus gemeint, zu dem wir natürlich als Mitglieder dieser Gemeinde gehören, nein, mit Kirche ist die Gemeinschaft aller Christen gemeint. Jeder von uns ist in dieser großen Gemeinschaft der Kirche ein Baustein, so wie diese Steine hier, aus denen unsere Kirche gemauert ist. Wir sind aber keine gleichmäßigen, einfarbigen Steine, wie die hier. Wir sind bunte, lebendige Steine, große und kleine Steine aus denen Gott seine Kirche baut. Diese Kirche ist bunt und lebendig, so bunt und lebendig wie die Menschen sind, die von Gott hören und die Botschaft weitertragen, die, wie wir, von Gott erzählen und singen. Und dieses lebendige, bunte Haus steht auf einem festen sicheren Grund! Auf Jesus, unserem Grundstein.

Das Haus mit den bunten Steinen wollen wir jetzt in einem Lied besingen:

Gott baut ein Haus, das lebt, aus lauter bunten Steinen, aus großen und aus kleinen, eins, das lebendig ist.
Gott baut ein Haus, das lebt, wir selber sind die Steine, sind große und auch kleine, du, ich und jeder Christ.
Gott baut ein Haus, das lebt, aus ganz, ganz vielen Leuten, die in verschiedenen Zeiten hörten von Jesus Christ.
Gott baut ein Haus, das lebt. Wir kennen seinen Namen und wissen auch zusammen, daß es die Kirche ist.

▷ Fürbitten:

Lieber Gott, wir haben es gerade gesungen: Du baust ein Haus, das lebt und wir dürfen Steine in deinem lebendigen Haus sein. Wir bitten dich:
– Öffne unsere Ohren und mach uns hellhörig für dein Wort.
– Öffne unsere Augen und mach uns ganz aufmerksam, wenn wir dir begegnen.
– Öffne unsere Herzen und mach uns offen für die Liebe, die du uns schenkst.
– Öffne unseren Mund und laß uns von deiner frohen Botschaft immer und überall erzählen und singen.
– Öffne unsere Hände und laß durch unser Tun deine Liebe in der Welt spürbar werden.
Lieber Gott, du zeigst uns, wo wir in deinem Haus nötig sind. Du hilfst uns und gibst uns das Können, ein lebendiger Stein in deiner Kirche zu sein. Wir vertrauen auf dich und deinen Sohn Jesus, unseren Grundstein, heute und alle Tage.

X. November

1. Mantel teilen

Gottesdienst zu St. Martin

Vorbereitung
- Liedzettel
- Martinsmantel zum Teilen
- Schere

Jedes Kind sollte nach dem Gottesdienst ein Stück vom Martinsmantel mitnehmen können. Damit das nicht einfach nur ein Stück Stoff war, haben wir aus einem Bettuch einen Umhang genäht, auf den ein Linolschnitt aufgedruckt wurde, der den hl. Martin auf seinem Pferd zeigte, vor ihm der Bettler. Dieses Motiv wurde in ausreichender Zahl auf den Mantel aufgedruckt.

Ablauf

▷ Eröffnung

▷ Begrüßung

▷ Anzünden der Kerze

▷ Gemeinsames Kreuzzeichen

▷ Lied
- SL 5,1.2.4: Wir feiern heut ein Fest (Text: Rolf Krenzer, Musik: Ludger Edelkötter, aus: Wir feiern heut ein Fest, Rechte: Impulse Musik-Verlag, Drensteinfurt)

▷ Einführung
Wer war der hl. Martin?

▷ Katechese
Die Geschichte von St. Martin erzählen und mit den Kindern gemeinsam spielen.
Mantel teilen

▷ Lied
St. Martin ritt durch Schnee und Wind (Volksweise)

▷ Fürbitten

▷ Vaterunser

▷ Segen/Kindersegen

▷ Lied
– SL 249: Halte zu mir, guter Gott (Text: Rolf Krenzer, Musik: Ludger Edelkötter, aus: Halte zu mir heute, Rechte: Impulse Musik-Verlag, Drensteinfurt)

Elemente für den Gottesdienst

▷ Einführung
Wir feiern heute das Fest des heiligen Martin. Dieses Fest ist bei euch Kindern bekannt und beliebt. Ihr geht mit euren Laternen zum Martinszug, es gibt Martinsbrezel und vielerorts auch Martinsgänse. Viele von euch kennen sicherlich auch die Geschichte, die erzählt, warum der heilige Martin so berühmt geworden ist. Er hat mit dem Bettler seinen Mantel geteilt. Aber dazu kommen wir gleich noch. Vorher möchte ich euch erst noch ein bißchen von dem Menschen Martin erzählen. Martin wurde um das Jahr 317, so lange ist das schon her, in Ungarn geboren. Bald nach seiner Geburt zogen seine Eltern nach Italien. Martin und seine Eltern waren Heiden. Spielkameraden erzählten Martin von Jesus. Martin wollte auch ein Freund von Jesus werden, aber das durfte er seinen Eltern nicht erzählen, weil sein Vater die Christen nicht mochte. Mit 15 Jahren mußte Martin auf Wunsch seines Vaters Soldat werden. Wenige Jahre später wurde er Offizier. Die Offiziere hatten Diener, von denen sie sich bedienen ließen. Nicht so Martin. Er hatte sich die Geschichte von Jesus gemerkt, der seinen Jüngern die Füße gewaschen hatte. So putzte er sich die Stiefel selber und aß mit seinem Diener an einem Tisch.
Am Stadttor von Amiens, das liegt in Frankreich, teilte Martin im Jahr 334 seinen Mantel mit einem frierenden Bettler. Bald darauf wurde er getauft. Er verließ das Heer und wurde zum Priester geweiht. Im Jahr 371 wurde er Bischof von Tours. Übrigens war der heilige Martin ein enger Freund des heiligen Liborius, dem Patron unseres Erzbistums Paderborn. Martin wurde über 80 Jahre alt. Er wurde schon zu Lebzeiten von den Menschen sehr verehrt, als großer Freund Jesu, als großer Diener Gottes. Martin starb am 08.11.397.

▷ Katechese
Doch nun zu der Geschichte mit dem Bettler. Wer von euch weiß da was von und kann uns etwas dazu erzählen? (...)

Je nach Alter der Kinder kann die Geschichte mit den Kindern gemeinsam erarbeitet werden.

Martin war mittlerweile 18 Jahre alt und als Offizier in Frankreich eingesetzt. Eines Tages ritt er durch die Stadt Amiens und sah am Stadttor einen Bettler sitzen. Es war bitterkalt und der arme Mann zitterte vor Kälte, weil er nichts Warmes anzuziehen hatte.

Martin wollte dem Mann helfen, aber er hatte nichts bei sich, kein Geld und auch kein Essen, was er ihm hätte geben können.

Da hatte er plötzlich eine Idee. Er zog seinen warmen Mantel aus und teilte ihn mit seinem Schwert in zwei gleiche Teile. Die eine Hälfte gab er dem Bettler, die andere behielt er selber. Der Bettler wußte gar nicht, wie er Martin danken sollte. Der aber gab seinem Pferd die Sporen und ritt schnell davon.

In der Nacht hatte Martin einen Traum: Er sah Jesus vor seinem Bett stehen und in der Hand hielt er Martins Mantelteil, das er dem Bettler geschenkt hatte. Jesus sprach zu Martin: „Du hast verstanden, was ich zu meinen Freunden gesagt habe: Wer von euch dem hilft, der in Not ist, der hilft mir!"

Als Martin am nächsten Morgen aufwachte, beschloß er, sich endlich taufen zu lassen. Der Bischof von Amiens taufte ihn und die ganze Christengemeinde freute sich.

Das ist die Geschichte vom heiligen Martin und dem Bettler. Wir haben hier einen Martinsmantel mitgebracht und möchten euch einladen, die Geschichte, die wir eben gehört haben, einmal nachzuspielen.

Ein Kind spielt den heiligen Martin, ein Kind den Bettler.

Die Kinder werden bei ihrem Spiel unterstützt. Der Bettler darf sich ein Stück vom Martinsmantel abschneiden.

Eben haben wir gehört, was Jesus Martin im Traum gesagt hat. „Wer von euch dem hilft, der in Not ist, der hilft mir!" Diesen wichtigen Satz sollten wir uns merken. Jesus will uns damit sagen, daß er uns in jedem unserer Mitmenschen begegnet. Wenn wir einem anderen Gutes tun, tun wir Jesus etwas Gutes. Umgekehrt gilt aber auch, wenn wir einem anderen Unrecht tun, treffen wir damit auch Jesus.

Zur Erinnerung an den heiligen Martin und das Gute, das er getan hat, darf sich jedes Kind ein Stück vom Mantel abschneiden.

Wir helfen euch dabei ein bißchen. Anschließend wollen wir gemeinsam das Lied vom Sankt Martin singen.

Sankt Martin ritt durch Schnee und Wind, sein Roß, das trug ihn fort geschwind. Sankt Martin ritt mit leichtem Mut, sein Mantel deckt ihn warm und gut.

Im Schnee, da saß ein armer Mann, hatt, Kleider nicht, hatt, Lumpen an. „O helft mir doch in meiner Not, sonst ist der bittere Frost mein Tod!"

Sankt Martin zog die Zügel an, sein Roß stand still beim armen Mann. Sankt Martin mit dem Schwerte teilt, den warmen Mantel unverweilt.

Sankt Martin gibt den halben still, der Bettler rasch ihm danken will. Sankt Martin aber ritt in Eil, hinweg mit seinem Mantelteil.
(Volksweise)

▷ Fürbitten
Lieber Gott, der heilige Martin hat dein Gebot befolgt: „Wer dem hilft, der in Not ist, der hilft mir". Auf die Fürsprache des heiligen Martin bitten wir dich:
– Öffne unsere Augen, damit wir sehen, wenn andere in Not sind.
– Öffne unsere Ohren, damit wir hören, wo andere unsere Hilfe brauchen.
– Öffne unsere Hände, damit wir helfen, wo es nötig ist.
– Öffne unsere Lippen, damit wir anderen von dir und deiner Liebe erzählen.
– Öffne unsere Herzen, damit wir die Liebe, die du uns schenkst, an andere weitergeben.
Lieber Gott, der heilige Martin ist dir froh gefolgt und hat uns mit seinem Leben ein Beispiel gegeben. Laß auch uns dir so froh und entschlossen folgen, wie der heilige Martin, damit deine Gegenwart in der Welt auch durch uns spürbar wird.

2. Die heilige Elisabeth von Thüringen

Vorbereitung

- Liedzettel
- runde Platte (ca. 80 cm)
- 4–5 gelbe Tücher
- 6 – 8 braune Tücher
- Holzbausteine und Edelsteine
- Krone, kleine Schatzkiste, leere Schalen
- Brotkorb mit Brot, Kreuz, Ringe, Perlen
- Stoffstücke (Samt, Brokat), Rosen, Kerzen

Vor dem Gottesdienst wird die runde Platte etwas erhöht aufgebaut und mit den gelben Tüchern abgedeckt. An den Rand der Platte werden aus Bausteinen Zinnen aufgebaut. Das ist die Burg. Die braunen Tücher werden am Fuß der Burg ausgebreitet. Das ist das Land. Alle anderen Legematerialien werden griffbereit hingelegt.

Ablauf

▷ Eröffnung

▷ Begrüßung

▷ Anzünden der Kerze

▷ Gemeinsames Kreuzzeichen

▷ Lied
- SL 3: Es läuten alle Glocken (Text: H. Bergmann, Musik: H. Wortmann, aus SU 330 „Pfälzer Kindermesse", Rechte: Lahn-Verlag, Limburg)

▷ Einführung
Die heilige Elisabeth, eine besondere Heilige

▷ Katechese
Legearbeit mit Erzählung über das Leben der heiligen Elisabeth. Eingebunden in die Katechese ist das Lied: *Wenn das Brot, das wir teilen als Rose blüht* (SL 82: Text: C.-P. März, Musik: Kurt Grahl, Rechte: bei den Autoren)

▷ Fürbitten
Zu den Fürbitten werden Kerzen ins „Land" gestellt und angezündet.

▷ Vaterunser

▷ Segen/Kindersegen

▷ Lied
– SL 249: Halte zu mir, guter Gott (Text: Rolf Krenzer, Musik: Ludger Edelkötter, aus: Halte zu mir heute, Rechte: Impulse Musik-Verlag, Drensteinfurt)

(Eine Legearbeit nach RPR 1993/2, Brich dem Hungrigen Dein Brot, dann wächst Gottes Reich, hl. Elisabeth, Landshut)

Dieser Gottesdienst ist in der Vorbereitung zwar relativ arbeitsintensiv, in der Durchführung aber sehr beeindruckend. Die positive Resonanz war überraschend groß. Wir wurden auch noch einige Zeit später immer wieder darauf angesprochen, welch starken Eindruck dieser Gottesdienst bei Eltern und Kindern hinterlassen hat.

Elemente für den Gottesdienst

▷ Einführung
Heute wollen wir mit euch das Fest der heiligen Elisabeth feiern. Elisabeth wurde vor fast 800 Jahren geboren und hat in ihrem recht kurzen Leben – sie wurde nur 24 Jahre alt – sehr viel Gutes für ihre Mitmenschen getan. Was daran so herausragend war, das wollen wir euch gleich in einer Geschichte erzählen.
Die heilige Elisabeth ist die Schutzpatronin einiger karitativer Verbände. Ziel solcher Verbände ist es, sich in besonderer Weise um Menschen zu kümmern, die Hilfe benötigen. *(Hier kann kurz eine karitative Einrichtung der Gemeinde vorgestellt werden.)*

▷ Katechese
Wenn ein Team von mehreren Personen zur Verfügung steht, kann die Geschichte in verteilten Rollen gelesen werden. Durch die Aufteilung in Erzähler, Elisabeth, Ludwig und Volk, wird der Text für die Kinder noch interessanter.

Nun aber zu der Geschichte, die vom Leben der heiligen Elisabeth erzählt. Vor dem Gottesdienst haben wir hier etwas in der Mitte aufgebaut. Ist jemandem von euch schon eine Idee gekommen, was das hier sein könnte? (...) Das ist eine Burg! Auf dieser Burg spielt die nun folgende Geschichte. Da es nicht nur etwas zu hören, sondern auch zu sehen gibt, darf ich euch einladen, im Kreis um diese Burg herum Platz zu nehmen.

Diese Burg liegt auf einem Hügel außerhalb der Stadt. Die Burg heißt Wartburg und steht in Thüringen. Man kann diese Burg übrigens auch heute noch besichtigen.

Vor rund 800 Jahren lebten der Landgraf und die Landgräfin von Thüringen mit ihrem Sohn Ludwig auf dieser Burg. Wie das damals so üblich war, gab es natürlich auch noch einen Hofstaat und jede Menge Dienstboten.

Eines Tages passiert etwas Aufregendes! Eine königliche Kutsche fährt auf dem Schloßhof vor. Ein Bote hatte sie kurz zuvor angekündigt. „Elisabeth kommt!" Die Kutsche kommt aus Ungarn und bringt die zukünftige Frau des jungen Ludwig auf die Wartburg. Aber Ludwig ist doch noch ein Kind?! Seine Braut auch! Aus der Kutsche steigt die Tochter des Königs von Ungarn. Sie war gerade mal 5 Jahre alt, als sie auf die lange Reise nach Thüringen geschickt wurde. Das war früher in den Königshäusern so üblich.

Die Eltern haben Elisabeth viele Kostbarkeiten mit auf den Weg gegeben:

Schöne Kleider *(Samt und Brokatstoff in die Burg legen)*, Perlen und Edelsteine *(eine kleine Schatztruhe gefüllt mit Perlen und Edelsteinen in die Burg legen)*, Ringe und Schmuck *(Ringe oder Perlenkette in die Burg legen)* und eine kleine Krone haben sie ihr mitgegeben. Später einmal soll sie Königin werden.

So kommt die kleine Elisabeth auf die Burg. Anfangs kommt sie sich schon ein bißchen verloren vor. Mama und Papa sind weit weg, sie kann die Sprache nicht verstehen, alles ist ihr fremd. Aber bald schon ist die Angst verflogen. Die Leute auf der Burg haben das kleine Mädchen gern und sind sehr nett zu ihr. Elisabeth muß viel lernen, denn als zukünftige Königin muß sie viel können und wissen.

Elisabeth und Ludwig werden größer und feiern bald schon ein großes Hochzeitsfest. Die beiden lieben sich und sind sehr glücklich miteinander. Sie schenken drei Kindern das Leben.

(Ein Korb mit Brot, jedoch zugedeckt, wird in die Burg gestellt.)

Den Menschen auf der Burg geht es gut. Sie feiern große Feste und lassen es sich gut gehen.

Elisabeth besucht öfter die Stadt am Fuße der Burg. Was Elisabeth da sieht, macht sie nachdenklich und traurig. Hungrige Kinder strecken Elisabeth die Hände entgegen: „Wir haben nichts zu essen. Gib du uns ein Stück Brot!" Menschen, nur in Lumpen gekleidet sitzen am Straßenrand und schauen Elisabeth hilfesuchend an. Sie haben keine Kleider, kein Brot und kein Dach über dem Kopf.

Wir wollen die Geschichte an dieser Stelle unterbrechen und gemeinsam die Liedstrophe singen:
Wenn das Leid jedes Armen uns Christus zeigt, und die Not, die wir lindern zur Freude wird, dann hat Gott unter uns schon sein Haus gebaut, dann wohnt er schon in unserer Welt. Ja, dann schauen wir heut' schon sein Angesicht, in der Liebe, die alles umfängt.

Elisabeth sieht die Not und das Elend der Menschen in ihrer Stadt. Die Gegensätze sind überdeutlich, denkt Elisabeth: „Wir auf der Burg haben alles im Überfluß, den Menschen hier unten fehlt es am Nötigsten. Wir tragen kostbare Kleider, die Menschen hier unten frieren in ihren Lumpen. Wir leben in einer großen Burg und die Menschen hier unten in der Stadt haben noch nicht einmal ein Dach über dem Kopf!"
Die Kinder gestalten mit Hilfe von Bauklötzen einfache Häuser unten im Land. Leere Schälchen, die leere Teller symbolisieren, werden dazu gestellt.

Nachdenklich reitet Elisabeth zurück auf ihre Burg und beschließt, den Menschen unten im Land zu helfen. Als sie das nächste Mal in die Stadt reitet, nimmt sie Kleider mit hinunter und schenkt sie denen, die nichts zum Anziehen haben. *(Samt und Brokatstoff werden von der Burg in das Land getragen)*
Davon erzählt auch eine Strophe unseres Liedes:
Wenn die Hand, die wir halten, uns selber hält, und das Kleid, das wir schenken, auch uns bedeckt, dann hat Gott unter uns schon sein Haus gebaut, dann wohnt er schon in unserer Welt. Ja, dann schauen wir heut' schon sein Angesicht, in der Liebe, die alles umfängt.

Ein anderes Mal verschenkt sie ihren Schmuck, Edelsteine und Perlen, damit die Armen sich davon Brot kaufen können.
Das Kästchen mit den Perlen und Edelsteinen wird in das Land gestellt.

Nachts geht Elisabeth oft in die Burgkapelle um zu beten. Sie betet für die Armen und denkt an Jesus und sein Kreuz, das er auf seinen Schultern getragen hat. *(Ein Kreuz wird in die Mitte der Burg gelegt)* Elisabeth betet: „Jesus, dir haben sie die Dornenkrone aufgesetzt und die Kleider vom Leib gerissen. Du bist für uns am Kreuz gestorben. Du hast uns Menschen so sehr geliebt, daß du dein Leben für uns hingegeben hast. Jesus, ich will dir dienen. Ich will den Menschen da draußen helfen. Dafür brauche ich meine Krone nicht!"
Die kleine Krone wird aus der Burg in das Land getragen.

Laßt uns auch an dieser Stelle eine weitere Strophe unseres Liedes
singen:
*Wenn der Trost, den wir geben, uns weiter trägt, und der Schmerz, den
wir teilen, zur Hoffnung wird, dann hat Gott unter uns schon sein
Haus gebaut, dann wohnt er schon in unserer Welt. Ja, dann schauen
wir heut' schon sein Angesicht, in der Liebe, die alles umfängt.*

Immer wieder macht sich Elisabeth auf den Weg hinunter in die
Stadt. Sie hilft den Menschen, wo sie nur kann. Ihr Mann Ludwig
weiß um die Hilfsbereitschaft seiner Frau. Er sorgt sich um Elisabeth
und um seine Familie: „Wenn sie weiterhin so großzügig alles verschenkt, sind wir womöglich bald so arm, wie die Menschen da
unten. Und was passiert dann mit Elisabeth, wenn sie nichts mehr
geben kann?"
Wieder verläßt Elisabeth mit einem Korb voll Brot die Burg. *(Der
zugedeckte Korb wird aus der Burg in das Land gestellt)* Ludwig
reitet ihr hinterher und hält sie auf. „Zeig mir, was du in deinem Korb
versteckst!" Elisabeth deckt den Korb auf und Ludwig strömt der
Duft von Rosen entgegen. *(Der Korb wird aufgedeckt und eine Rose
zum Korb gestellt)*
„Wenn das Brot, das wir teilen, als Rose blüht ..." Aus dieser
Begebenheit heraus ist dieses Lied entstanden. Wir wollen gemeinsam diese Strophe singen:
*Wenn das Brot, das wir teilen, als Rose blüht, und das Wort, das wir
sprechen, als Lied erklingt, dann hat Gott unter uns schon sein Haus
gebaut, dann wohnt er schon in unserer Welt. Ja, dann schauen wir
heut' schon sein Angesicht, in der Liebe, die alles umfängt.*
In diesem Moment spürt Ludwig plötzlich: „Elisabeth liebt diese
Menschen von ganzem Herzen. Sie schenkt ihnen neue Hoffnung.
Durch ihre Liebe blüht das Land auf, sie ist wie eine Rose, die den
Menschen Freude schenkt." Ludwig sagt zu Elisabeth: „Du hast
recht! Geh und hilf den Armen. Deine Hilfe macht sie froh!"
*(Rosen werden in das Land gelegt, als Zeichen für die Liebe und die
Freude, die Elisabeth den Menschen bringt.)*

Eines Tages muß Ludwig mit dem Kaiser in den Krieg ziehen. Drei
Tage reitet Elisabeth mit ihm, sie können sich nicht trennen. Aber
dann muß sie doch umkehren und sich schweren Herzens von Ludwig verabschieden. Ludwig versucht Elisabeth zu trösten: „Ich trage
deinen Ring und werde dich nicht vergessen."
Lange Zeit hört Elisabeth nichts von Ludwig, bis eines Tages ein
Bote zu ihr kommt und ihr Ludwigs Ring bringt. Ludwig ist tot!

Elisabeth ist sehr traurig und verzweifelt. Was soll sie nun tun? Als sie in der Burgkapelle sitzt und betet, faßt sie einen Entschluß: „Jesus", sagt sie, „Ich habe niemanden mehr. Mein ganzes Leben soll dir gehören!" *(Die Gottesdienstkerze wird in die Mitte der Burg gestellt)*
Elisabeth verläßt die Burg und die Stadt und geht nach Marburg, eine Stadt am Rande des damaligen Fürstentums. Sie lebt bei den Armen und Kranken, wäscht sie und versorgt ihre Wunden. Sie tröstet die Kinder und schenkt den Traurigen Hoffnung und Zuversicht. Die Menschen sagen: „Durch sie wird Gottes Liebe in der Welt spürbar." Elisabeth baut in Marburg ein kleines Krankenhaus, das es heute noch gibt. Elisabeth wird nur 24 Jahre alt. Sie wird selbst sehr krank. Als sie stirbt, sind die Menschen sehr traurig. Sie zünden Lichter an und beten für sie zu Gott.
Wir wollen nun die letzte Strophe unseres Liedes singen.
Wenn das Leid, das wir tragen, den Weg uns weist, und der Tod, den wir sterben, vom Leben singt, dann hat Gott unter uns schon sein Haus gebaut, dann wohnt er schon in unserer Welt. Ja, dann schauen wir heut' schon sein Angesicht, in der Liebe, die alles umfängt.

Zu jeder nun folgenden Bitte wird eine brennende Kerze in das Land gestellt.

▷ Fürbitten
– Heilige Elisabeth, du hast deine Edelsteine und Perlen verschenkt. Du hast die Menschen mit deinen Kleidern bekleidet. Wecke in uns die Bereitschaft, anderen zu helfen.
– Heilige Elisabeth, du hast die feinen Speisen nicht gegessen. Du hast gefastet und mit den Armen das Brot geteilt. Wecke in uns die Bereitschaft, mit anderen zu teilen.
– Heilige Elisabeth, du hast die feste Burg verlassen und bist zu den Menschen gegangen und hast ihnen deine Liebe geschenkt. Öffne unsere Augen und unsere Herzen für die Not der anderen.
– Heilige Elisabeth, mit deinen guten Händen hast du die Kranken gewaschen, ihnen die Wunden verbunden und sie gepflegt. Öffne unsere Hände, damit wir da helfen, wo es nötig ist.
Heilige Elisabeth, du hast uns Jesus gezeigt und seine Liebe. Hilf uns, daß auch durch uns Jesu Liebe in dieser Welt spürbar werden kann.

Literaturangaben

BIBELAUSGABEN/LITURGISCHE BÜCHER

Das große Bibelbilderbuch, Alle Geschichten der Reihe „Was uns die Bibel erzählt" in einem Band, Deutsche Bibelgesellschaft, Stuttgart 1994

Die Bibel, Einheitsübersetzung der Heiligen Schrift, © Katholische Bibelanstalt, Stuttgart 1980

Neukirchener Kinder- Bibel, Irmgard Weth, Aussaat Verlag, Neukirchen-Vluyn 1988

Benediktionale, Verlag Herder, Freiburg 1998

Marcus Pfister, **Der Weihnachtsstern**, Nord-Süd-Verlag, Gossau, Zürich, Hamburg 1993

LIEDERBÜCHER
Abkürzungen:
GL: Gotteslob, Katholisches Gebet- und Gesangbuch, hrsg. von den Bischöfen Deutschlands u. a., Stammausgabe © Katholische Bibelanstalt, Stuttgart 1975
SL: Schwerter Liederbuch, „Singt dem Herrn", hrsg. v. Elsbeth Bihler, Hans-Heinz Riepe, Walburga Schnock, © BDKJ Verlag, Domplatz 11, 33098 Paderborn, 2. Aufl. 1990

Hört ihr alle Glocken läuten, Die schönsten Weihnachtslieder von Detlef Jöcker, Menschenkinder Verlag, Münster 1993
Detlef Jöcker, **Licht auf meinem Weg,** Menschenkinder Verlag, Münster 1992
Rolf Krenzer und Detlef Jöcker, **Weihnachten ist nicht mehr weit,** Neue Advents- und Weihnachtslieder, Menschenkinder Verlag, Münster 1986
Rolf Krenzer, Detlef Jöcker, Anke Jöcker, **Wir kleinen Menschenkinder,** Neue religiöse Kinderlieder, Menschenkinder Verlag, Münster

RELIGIONSPÄDAGOGISCHE HILFEN
RPR 1986/1, Mit Jesus den Kreuzweg gehen, Franz Kett Verlag, Landshut 1986
RPR 1993/1, Wir sind eine lebendige Kirche, Das Kirchenjahr erleben und gestalten, Franz Kett Verlag, Landshut 1993
RPR 1993/2, Brich dem Hungrigen Dein Brot, dann wächst Gottes Reich, Hl. Elisabeth, Franz Kett Verlag, Landshut 1993
RPR 1995/1, Jesus unser Herr, Ihn kennen- und liebenlernen, Familiengottesdienste zur Jesusgestalt, Franz Kett Verlag, Landshut 1995
RPR 1996/4, Mit Jesus kommt das Licht zu uns, Franz Kett Verlag, Landshut 1996

Mitarbeiter

Herr Ulrich Deimel hat an der Ausarbeitung folgender Gottesdienste mitgearbeitet:

Der Weg zur Krippe mit dem immer heller werdenden Licht

Der Weg zum Stall – Herbergssuche

Josefs Esel erzählt vom langen Weg nach Betlehem

Die Hl. Drei Könige und ihre Geschenke

Die Freude an Gott ist unsere Stärke

GD Reihe zur Karwoche mit Tüchern

Ostern, die Bedeutung des weißen Kleides

St. Martin, Mantel teilen

Herr Ulrich Stipp hat an der Ausarbeitung folgender Gottesdienste mitgearbeitet:

Johannes, der Rufer in der Wüste

Die Hl. Drei Könige folgen dem Stern zur Krippe

Die drei Weisen aus dem Morgenland

Du bist das Licht der Welt

Christus ist auferstanden

Komm, heiliger Geist

Kräuterweihe

Erntedank/eine Legearbeit

Gott baut ein Haus, das lebt

Christus, unser Grundstein

Hl. Elisabeth von Thüringen

In der Kasualien-Reihe
Feiern mit der Bibel
sind bisher folgende
Bände erschienen:

Band 1
Franz-Peter Tebartz-van Elst (Hrsg.)
Öffne uns den Brunnen der Taufe
Die Feiern der Eingliederung
in der Kirche

136 Seiten
ISBN 3-460-08001-9

Band 2
Franz-Peter Tebartz-van Elst (Hrsg.)
**Entflamme in uns die
Sehnsucht nach dem Licht**
Tauferinnerung in der
Verkündung des Kirchenjahres

144 Seiten
ISBN 3-460-08002-7

Band 4
Beate Kowalski / Jürgen Bärsch
**Trauernde trösten -
Tote beerdigen**
Biblische, pastorale und
liturgische Hilfen im Umkreis
von Sterben und Tod

112 Seiten
ISBN 3-460-08004-3

Band 5
Birgit Bronner (Hrsg.)
**Es ist nicht gut, daß der
Mensch allein bleibt**
Predigten und Bausteine für
Trauungsgottesdienste

112 Seiten
ISBN 3-460-08005-1

Band 6
Heinrich-Maria Burkhard /
Elfriede Sacher
**Vor Gottes Angesicht
nehme ich dich an**
Biblisch-katechetische
Hilfen zur Vorbereitung
und Gestaltung der
kirchlichen Trauung

128 Seiten
ISBN 3-460-08006-X

Band 7
Gerd Fasselt
**Und der Herr
wird ihn aufrichten**
Zur Heilssorge der Kirche
für die Kranken

128 Seiten
ISBN 3-460-08007-8

Alle Bände kartoniert

Verlag Katholisches
Bibelwerk GmbH
Silberburgstraße 121
70176 Stuttgart